W0222518

Sybil Kapoor

JAHRESZEITEN-KÜCHE

frisch und raffiniert

Sybil Kapoor

JAHRESZEITEN-KÜCHE

frisch und raffiniert

DORLING KINDERSLEY

DORLING KINDERSLEY
London, New York, Melbourne,
München und Delhi

Lektorat Janice Anderson
Design Briony Chappell
Leitung Design Marianne Markham
Programmleitung Penny Warren
DTP-Design Sonia Charbonnier
Herstellung Wendy Penn

Für die deutsche Ausgabe
Programmleitung Monika Schlitzer
Projektbetreuung Nicola Aschenbrenner
Herstellungsleitung Dorothee Whittaker
Herstellung und Covergestaltung
Verena Salm

Bibliografische Information
Der Deutschen Bibliothek
Die Deutsche Bibliothek verzeichnet diese Publikation in der Deutschen Nationalbibliografie; detaillierte bibliografische Daten sind im Internet über http://dnb.ddb.de abrufbar.

Titel der englischen Originalausgabe:
Waitrose – Food for all Seasons.
A Year of delicious Recipes

Copyright © John Brown
Citrus Publishing Ltd 2005
Rezepte von Sybil Kapoor,
Copyright © Sybil Kapoor 2005

Der Originaltitel erschien 2005 in Großbritannien bei Dorling Kindersley, London, einem Unternehmen der Penguin Verlagsgruppe

Alle Rechte vorbehalten. Jegliche – auch auszugsweise – Verwertung, Wiedergabe, Vervielfältigung oder Speicherung, ob elektronisch, mechanisch, durch Fotokopie oder Aufzeichnung bedarf der vorherigen schriftlichen Genehmigung durch den Verlag.

© der deutschsprachigen Ausgabe by
Dorling Kindersley Verlag GmbH,
Starnberg, 2006
Alle deutschsprachigen Rechte vorbehalten

Übersetzung Dr. Michael Schmidt
Redaktion Adelheid Schmidt-Thomé

ISBN 3-8310-0876-0

Printed and bound by SNP Leefung in China

Besuchen Sie uns im Internet
www.dk.com

INHALT

FRÜHLING

SOMMER

HERBST

WINTER

VORWORT

Wir wünschen uns unser Essen qualitätsvoll und abwechslungsreich. Was liegt da näher, als sich nach dem Rhythmus der Jahreszeiten zu richten? In früheren Zeiten war das selbstverständlich, denn es kam nur das auf den Tisch, was die Ernte gerade hergab. Durch unsere Lagerungsmöglichkeiten wie Kühl- und Gefrierschrank, durch ein Sommer wie Winter gleiches Angebot in den Supermärkten, erweiterten sich die Möglichkeiten, aber gleichzeitig ging das Wissen verloren, welches Gericht wann seine beste Zeit und die kürzesten Wege hat, um frisch zu sein und damit auch am besten zu schmecken.

Seit der ökologischen Wende wächst das Bewusstsein, schon beim Einkauf darauf zu achten, dass die Produkte aus der Region stammen. Ging es anfangs dabei vor allem um die eigene Gesundheit und den Schutz der Umwelt, die Stärkung der eigenen Landwirtschaft bei artgerechter Tierhaltung und bodenschonender Anbauweise, das Vermeiden langer unnötiger Transportwege auf der Straße und in der Luft, spielt heute auch ein anderer wesentlicher Punkt eine Rolle: der unvergleichliche Geschmack eines frischen Produkts!

Die ersten neuen Kartoffeln im Frühjahr, frisch sprießende Kräuter, zartestes Lammfleisch, Spargel, Erdbeeren mit Rhabarber – vielleicht schmeckt es gerade deshalb so gut, weil man es eben nicht das ganze Jahr über gegessen hat. Der Sommer bietet die größte Auswahl an frischen Zutaten, man hat Lust auf die mediterrane und orientalische Küche mit viel Gemüse,

erfrischenden kalten Suppen und Salaten, mit Fischgerichten, saftigen Melonen und auf Nachtisch mit Beeren in allen Variationen. Am liebsten würde man immer draußen essen und natürlich – grillen!

Die Produkte des Herbstes, allen voran der Kürbis, bringen warme Farben und vollen Geschmack. Hülsenfrüchte, Wurzelgemüse, Nüsse, Birnen und Äpfel bereichern unsere Speisen und sind vielfältig zuzubereiten. Pilz- und Wildgerichte geleiten uns in den Winter. Wenn es draußen dunkel und kalt ist, bevorzugen wir Gerichte aus dem Ofen und Schmortöpfe. Kartoffelbrei und Kohl in all seinen Variationen ergänzen saftig gebratenes Fleisch. Jetzt ist die beste Zeit, Gewürze einzusetzen, um den Speisen Wärme, Schärfe und Intensität zu geben. Auch wenn die Wege länger werden müssen, es ist die Saison der Zitrusfürchte – wappnen Sie sich mit ihrem Vitamin C - und die Zeit für knackige Salate wie Radicchio und Chicoree.

Wer sich auf die Jahreszeitenküche einlässt, wird freudig entdecken, dass man auf nichts verzichten muss, was man gerne isst. Wer die Vielfalt der internationalen Küche schätzt, wird überrascht sein, dass viele typisch mediterrane oder asiatische Produkte inzwischen aus der heimischen Landwirtschaft kommen. Und gönnen Sie sich ganz bewusst ein paar exotische »Ausnahmen«.

Lassen Sie sich durch die Rezepte inspirieren und genießen Sie das ganze Jahr über den unvergleichlichen Geschmack frischer Zutaten.

FRÜHLING

Wenn sich die Erde erwärmt und die Tage länger werden, kommt das erste frische grüne Gemüse auf den Tisch. Für die Jahreszeiten-Küche ist der Frühling die aufregendste Zeit.

FRÜHLING

ZUTATEN DER SAISON

Diese Jahreszeit kann schwierig, launisch, aufregend – und liebenswert sein. Wie befreiend ist der Spaziergang ohne Winterkleidung! In vollen Zügen genießt man die warme Frühlingsluft, die verkündet, dass der Sommer nicht mehr fern ist.

JUNGE ROTE BETEN Sie schmecken im Ganzen gebraten köstlich.

MANGOS Ein Vorgeschmack auf wärmere Zeiten, bevor heimische Früchte reifen.

FRÜHLINGSZWIEBELN Sie sind mild – ideal in Frühlingssalaten.

Dies ist eine anregende Zeit fürs Kochen, weil so viel frisches, schmackhaftes Gemüse austreibt; sie kann aber auch frustrierend sein, denn all das ist noch lange nicht reif.

Es gibt allerdings eine wunderbare natürliche Gerechtigkeit: Die Zutaten, die jetzt gut sind, sind wirklich sehr, sehr gut. Im Mai ist die Erde schon so warm, dass sie die ersten butterzarten neuen Kartoffeln hervorbringt, wie ein Hauch laue Luft nach einem langen Winter mit Kartoffelpüree und Bratkartoffeln. Diese Knollen sollten so zart sein, dass Sie die Schalen mit dem Daumen abreiben können. Kochen Sie sie im Ganzen und servieren Sie sie mit Ziegenkäse, den Sie in Kräutern gewälzt haben. Oder frittieren Sie die kleinsten Exemplare zu unwiderstehlichen Goldnuggets. Und wenn Sie sich an ihnen satt gegessen haben, bekommen Sie schon Spargel. Kaufen Sie ganz frische Stangen und lassen Sie sie bei schwacher Hitze sanft ziehen. Behandeln Sie Spargel wie einen König: Übergießen Sie ihn mit den feinsten Fetten (zum Beispiel Butter oder Kräuter-Crème fraîche), tunken Sie

KNOBLAUCH Sein einzigartiges Aroma bereichert jedes Frühlingsgemüse.

RHABARBER Besonders köstlich ist der junge Rhabarber.

SCHNITTLAUCH Er gibt Eiern und neuen Kartoffeln ein feines Zwiebelaroma.

ihn in goldenes Eigelb oder schmoren Sie ihn in der Pfanne kurz in Sojasauce.

In den folgenden Rezepten begegnen Sie viel Butter, Sahne und Eiern, denn im Frühling können Sie gut mit Milchprodukten schlemmen. Früher schmeckte sogar die Milch nach Frühling – dank dem saftigen jungen Gras, das die Milchkühe zu fressen bekamen. Schneeweißer Frischkäse, goldene Butter und kühle Sahne sind jetzt sehr verlockend – nichts passt besser zu jungem Gemüse, den ersten Salatblättern und Kräutern oder duftenden Frühlingssuppen. Auch die Eier sind natürlich Symbole dieser Zeit des Neubeginns, und da frei laufende Hühner schon die ersten Frühlingstriebe genießen, dürften ihre Eier voller Geschmack sein.

Und wenn an dunklen Tagen der Winter noch immer nicht vorbei zu sein scheint und Sie sich nach Sonne sehnen, bauen Sie importierte Lebensmittel in Ihren Speisezettel ein. Süße goldfarbene Mangos, cremige Kokosmilch und wärmende Gewürze werden dann Ihre Geschmacksknospen aufleben lassen.

Eigentlich ist der Frühling also inspirierend, wenn Sie nach diesen herrlichen frühen Genüssen Ausschau halten. Im Laufe der Saison bekommen Sie dann die ersten Erbsen und Bohnen in ihren wachsgrünen Schoten sowie die verlockenden roten Erdbeeren, und dann können Sie sich schon darüber freuen, dass der Sommer vor der Tür steht.

FÜR 8 PERSONEN
VORBEREITUNGSZEIT 10 MINUTEN
GARZEIT 20 MINUTEN

2 Stangen Lauch

3 EL Olivenöl

1 1/2 l Hühnerfond (Glas)

2 mehlig kochende Kartoffeln, geschält und fein gewürfelt

1 kg Spargel

1 Bund Kerbel

400 g Sahne

Salz und schwarzer Pfeffer aus der Mühle

SPARGELSUPPE MIT KERBEL

Für diese köstliche Suppe lassen sich gut Stangen verwenden, die von Gerichten wie Tempura übrig sind, für die man nur Spitzen benötigt. Sie können sie heiß oder kalt servieren.

Die Lauchstangen putzen und in feine Ringe schneiden. Gründlich waschen und abtropfen lassen. Das Öl in einer großen Pfanne erhitzen und den Lauch darin weich dünsten. Den Fond und die Kartoffeln dazugeben, die Hitze leicht erhöhen und alles 10 Minuten köcheln lassen.

In der Zwischenzeit die Spargelstangen schälen und die zähen Enden abschneiden. Die Spitzen von 20 Stangen abschneiden und für ein anderes Gericht aufheben. Die Spargelstangen und die restlichen Spitzen in 2 1/2 cm lange Stücke schneiden und in die Suppe geben. Weitere 7 Minuten köcheln lassen.

Kerbel waschen und die Blätter von den Stängeln zupfen. Die Stängel zur Suppe geben und diese pürieren. Die Suppe durch ein Sieb in eine Schüssel oder einen Topf gießen, je nachdem, ob die Suppe kalt oder heiß serviert wird. Die Kerbelblätter fein hacken (ein paar zum Garnieren aufheben) und mit der Sahne in die Suppe einrühren. Abschmecken und gegebenenfalls mit Wasser verdünnen. Mit den Kerbelblättern garnieren und heiß oder kalt servieren.

Wenn Sie die Suppe kalt servieren, können Sie sie mit Eis garnieren. Dafür eine flache Backform mit Folie auslegen und mit einer ganz dünnen Schicht Wasser bedecken. Im Gefrierschrank erstarren lassen. Die Folie abheben, das Eis in große Stücke zerbrechen und auf die kalte Suppe streuen.

SAISON hat ...

SPARGEL
Achten Sie beim Kauf von Spargel auf frische, saftige Stangen und feste Spitzen. Bereiten Sie Spargel bald nach dem Kauf zu, frische Stangen schmecken am aromatischsten. Schneiden Sie die zähen Enden ab und schälen Sie die Stangen bis kurz unter die Spitzen (bei grünem Spargel nur das untere Drittel). Dünne Stangen sind ideal zum Kurzbraten und für Salate, dickere werden mit zerlassener Butter oder Sauce hollandaise serviert.

FÜR 4 PERSONEN
VORBEREITUNGSZEIT 10 MINUTEN
GARZEIT 40 MINUTEN

1 mittelgroßer Blumenkohl

30 g Butter

1/2 l Hühnerfond (Glas)

250 g Sahne

1 Lorbeerblatt

100 ml Milch (nach Bedarf)

Salz und schwarzer Pfeffer aus der Mühle

Saft von 1/2 Zitrone

1 kleines Bund Schnittlauch, fein geschnitten, plus ganze Stängel zum Garnieren

BLUMENKOHLCREME MIT SCHNITTLAUCH

Diese delikate Suppe wird aus Blumenkohlröschen zubereitet, die in Butter vorgedünstet sind. Schnittlauch und Zitronensaft geben eine spezielle Geschmacksnote.

Den Blumenkohl in einzelne Röschen zerteilen, die dicken Strünke wegwerfen und die Röschen gründlich waschen.

Die Butter in einem Topf bei schwacher Hitze zerlassen. Die Röschen darin zugedeckt 10 Minuten sanft dünsten. Sie sollen keine Farbe annehmen. Fond, Sahne und Lorbeerblatt hinzugeben und zum Kochen bringen. Zugedeckt 30 Minuten sanft köcheln lassen. Das Lorbeerblatt herausnehmen. Den Blumenkohl pürieren, nötigenfalls mit der Milch verdünnen. Mit Salz und Pfeffer abschmecken.

Vor dem Servieren die Suppe erneut erhitzen und Zitronensaft und Schnittlauch hinzufügen. Die Suppe in vorgewärmte Suppenteller geben und mit Schnittlauchstängeln garnieren.

SAISON hat ...

SCHNITTLAUCH

Seine zierlichen Stängel haben einen milden Zwiebelgeschmack, der weniger beißend ist als der von Zwiebeln und Schalotten. Schnittlauch passt besonders gut zu Milchprodukten wie Butter und saurer Sahne, schmeckt großartig mit Eiern und süßlichem Wurzelgemüse wie Möhren und Roten Beten. Außerdem passt er gut als Garnitur auf cremige Suppen. Schneiden Sie den empfindlichen Schnittlauch mit einer Schere, nicht mit dem Messer.

FÜR 4 PERSONEN
VORBEREITUNGSZEIT 5 MINUTEN
GARZEIT 20 MINUTEN

2 Dosen Cannellini-Bohnen (à 400 g)

120 ml bestes Olivenöl

6 Schalotten, geschält und in feine Ringe geschnitten

2 TL Dijonsenf

3 EL Rotweinessig

Salz und schwarzer Pfeffer aus der Mühle

2 TL Zitronenthymianblätter, grob gehackt

2 Hand voll Petersilie, grob gehackt

1 kleines Bund Schnittlauch, fein geschnitten

450 g junger Spinat, gewaschen und verlesen

100 g weicher Ziegenkäse

WEISSE-BOHNEN-SALAT

Dieser Salat kann als leichtes Mittagessen oder als Beilage zu gegrilltem Fleisch oder Huhn serviert werden. Nehmen Sie Bio-Ziegenkäse, nur dieser hat ein wirklich gutes Aroma.

Die Bohnen in ein Sieb geben, abspülen und abtropfen lassen. 4 EL Olivenöl in einem breiten Topf bei mittlerer Hitze heiß werden lassen. Die Schalotten darin glasig dünsten. Während sie garen, Senf und Essig mit dem Schneebesen verrühren.

Sobald die Schalotten glasig sind, die Bohnen in den Topf geben. Unter gelegentlichem Rühren erhitzen, dann den Essig und das restliche Olivenöl unterrühren. Wenn alles heiß ist, mit Salz und Pfeffer abschmecken und die Kräuter und Spinatblätter dazugeben. So lange rühren, bis der Spinat zusammenfällt, dann vom Herd nehmen. Die Bohnen auf 4 Teller verteilen, den Ziegenkäse darüber zerbröckeln und sofort servieren.

SALAT MIT SPECK UND EIERN

FÜR 4 PERSONEN
VORBEREITUNGSZEIT 10 MINUTEN
GARZEIT 30 MINUTEN

4 EL Öl

1/3 altbackenes Baguette, in 2 cm große Würfel geschnitten

200 g durchwachsener Frühstücksspeck, in Streifen geschnitten

1 EL Dijonsenf

1 EL Weißweinessig

2 EL bestes Olivenöl

Salz und schwarzer Pfeffer aus der Mühle

2 langblättrige Salatherzen, etwa Romanasalat, gewaschen

4 Eier

Dieser herrliche Eier-Speck-Salat enthält wachsweich gegarte und geschälte ganze Eier. Wenn man sie aufschneidet, fließt ihr leuchtendes Eigelb in den Salat.

3 EL Öl in einer Pfanne bei mittlerer Hitze heiß werden lassen. Die Brotwürfel hinzufügen und unter Wenden etwa 10 Minuten braten, bis die Croûtons goldbraun und knusprig sind. Herausnehmen und auf Küchenpapier abtropfen lassen.

Die Pfanne mit Küchenpapier auswischen, das restliche Öl hineingeben und bei mäßiger Hitze heiß werden lassen. Die Speckstreifen hinzufügen und etwa 15 Minuten braten, bis sie knusprig und goldbraun sind. Mit einem Schaumlöffel herausnehmen und auf Küchenpapier abtropfen lassen. Den Senf, den Essig und das Olivenöl mit Salz und Pfeffer in einer kleinen Schüssel mit dem Schneebesen gut mischen. Dieses Dressing über die Salatblätter in einer großen Schüssel träufeln und die Blätter im Dressing schwenken.

Den Salat auf 4 Teller verteilen. Die Croûtons und die Speckstreifen darüber streuen. Wasser in einem Topf zum Kochen bringen, die Eier hineingeben und genau 4 Minuten köcheln lassen, sofort kalt abschrecken. Die Eier sorgfältig schälen und darauf achten, dass das Eiweiß dabei ganz bleibt. Je 1 Ei auf jeden Salatteller legen und aufbrechen, sodass das Eigelb ausläuft. Sofort servieren.

SAISON hat ...

ROMANASALAT

In vielen Frühlingssalaten bilden grüne Salatblätter ein Bett für viele andere Zutaten, von Avocados, Tomaten und Zwiebeln bis zu Garnelen und Speckwürfeln. Es gibt drei Hauptsorten von Salat: knackigen wie Eisbergsalat, Krautsalat sowie Römischen und Romanasalat. Diese Sorte hat längliche, feste Blätter, die sich auch unter schweren Dressings gut halten und darum herrlich knackig bleiben.

FRITTIERTE TINTENFISCHE

FÜR 4 PERSONEN ALS VORSPEISE
VORBEREITUNGSZEIT 10 MINUTEN, PLUS ZEIT ZUM SÄUBERN DES TINTENFISCHS, FALLS NÖTIG
GARZEIT 10 MINUTEN

500 g küchenfertige frische Kalmare

Sonnenblumenöl zum Frittieren

50 g Mehl

Salz und schwarzer Pfeffer aus der Mühle

Zitronen zum Beträufeln

gehackte Petersilie zum Garnieren (nach Belieben)

Tintenfischringe und -streifen werden in gewürztem Mehl gewälzt und goldbraun und knusprig frittiert. Dieses schnelle Gericht ist ideal für ein gemütliches Mittagessen. Dazu passt ein Frühlingsblattsalat in einem leichten Dressing.

Die Kalmare innen und außen gut abspülen. Auch die Tentakel sorgfältig säubern und abspülen.

Das Sonnenblumenöl in einem tiefen Topf oder einer Fritteuse auf 180 °C erhitzen (oder bis ein Brotwürfel in 30 Sekunden goldbraun wird). Die Kalmarkörper in breite Ringe schneiden. Die vorbereiteten Kalmare, auch die Tentakel, gründlich mit Küchenpapier trockentupfen. Sonst bleibt zu viel Mehl daran haften und das heiße Fett könnte leicht spritzen.

Das Mehl in eine große Schüssel geben und mit Salz und Pfeffer würzen. Ein Drittel der Kalmarstücke darin wälzen, dann herausheben und alles überschüssige Mehl in die Schüssel zurückschütteln. Vorsichtig die Kalmare ins heiße Öl geben. In etwa 3 Minuten goldbraun frittieren, dann mit einem Schaumlöffel herausheben und zum Abtropfen auf Küchenpapier legen. Den Vorgang mit den restlichen Kalmaren in zwei Portionen wiederholen.

Die frittierten Kalmare mit Zitronen zum Beträufeln servieren und nach Belieben ein wenig gehackte Petersilie darüber streuen.

FÜR 4 PERSONEN
VORBEREITUNGSZEIT 10 MINUTEN
GARZEIT 12–15 MINUTEN

1 Stängel Zitronengras, grob gehackt

2 Knoblauchzehen, geschält

3 Frühlingszwiebeln, geputzt und grob zerkleinert

abgeriebene Schale von 1 Limette

250 g Hühnerbrustfilet ohne Haut

1 Bund Brunnenkresse

Salz und schwarzer Pfeffer aus der Mühle

FÜR DIE MISO-BRÜHE

3 EL Erdnussöl

3 cm Ingwer, geschält und in feine Scheiben geschnitten

4 Schalotten, geschält und in Ringe geschnitten

2 Knoblauchzehen, geschält und in dünne Scheiben geschnitten

1 Bund Frühlingszwiebeln, geputzt und in 3 cm lange Streifen geschnitten

1–2 rote Chilischoten, in feine Ringe geschnitten

1 l Miso-Brühe (aus 4 Beuteln Miso-Paste, Asienladen)

1 EL Fischsauce (Asienladen)

2 EL Sojasauce

2 EL japanischer Reisessig

150 g Shiitakepilze (ohne Stiele)

1 Hand voll Brokkoliröschen

HÜHNERKLÖSSCHEN IN MISO-BRÜHE

Miso-Suppenpaste ist ein großartiges Fertigprodukt, das im Nu eine fernöstliche Grundbrühe ergibt.

Zitronengras, Knoblauch und Frühlingszwiebeln im Blitzhacker fein zerkleinern, Limettenschale unterrühren. Die Hühnerbrüste in der Küchenmaschine kurz grob hacken. Einen Teil der Brunnenkresse fein hacken. Alle Zutaten mischen, salzen und pfeffern. Walnussgroße Klößchen formen. In Salzwasser bei schwacher Hitze etwa 10 Minuten garen.

Inzwischen die Brühe zubereiten. Das Öl in einem großen Topf erhitzen und Ingwer, Schalotten und Knoblauch darin sanft dünsten, ohne dass sie Farbe annehmen. Die restlichen Zutaten dazugeben und alles zum Kochen bringen. Die Suppe 2–3 Minuten köcheln lassen, bis Pilze und Brokkoli knapp gar sind. Die restliche Brunnenkresse unterrühren, mit den Klößchen servieren.

FÜR 4 PERSONEN
VORBEREITUNGSZEIT 25 MINUTEN
GARZEIT 25 MINUTEN

ROTE-BETE-SALAT MIT FETA UND WALNÜSSEN

- 250 g junge Rote Beten, geputzt und gewaschen
- 4 Romanasalatherzen
- 1 Bund Schnittlauch, fein geschnitten
- 1 Hand voll Minzeblätter, grob zerzupft
- 50 g Walnusshälften, grob gehackt
- 200 g Feta-Käse, in Würfel geschnitten
- 1 TL flüssiger Honig
- 2 EL Zitronensaft
- 5 EL Walnussöl
- Salz und schwarzer Pfeffer aus der Mühle
- 1 EL Dillspitzen, grob gehackt

Kombinieren Sie herzhaften Feta mit süßen Roten Beten und leicht bitteren Walnüssen.

Die Roten Beten mit Wasser bedecken und zum Kochen bringen. Zugedeckt 20 Minuten köcheln lassen, bis sie gar sind. Das Wasser abgießen, die Roten Beten etwas abkühlen lassen und in Viertel schneiden.

In der Zwischenzeit die Salatblätter auslösen, waschen und abtrocknen. In eine große Schüssel mit Schnittlauch, Minze, Walnüssen und Feta geben.

Honig, Zitronensaft und Walnussöl verrühren und abschmecken. Die Hälfte der Vinaigrette mit den Roten Beten mischen und den Dill hinzufügen.

Die Salatmischung auf 4 Teller verteilen, die Roten Beten hinzufügen und sofort servieren. Die restliche Vinaigrette separat reichen.

SAISON haben ...

JUNGE ROTE BETE
Die kleinen lila Kugeln der frühen Roten Beten sind süß und saftig. Schrubben Sie sie gut, aber schälen Sie sie nicht – die dünne Haut ist essbar und schützt die Farbe. Sie können sie im Ganzen kochen oder braten, mit Butter oder Olivenöl beträufeln, mit Petersilie (die ihre intensive Süße ausgleicht) bestreuen und zu kaltem Fleisch servieren. Oder geben Sie sie abgekühlt in Salate, wo sie salzige Zutaten wie Feta oder Speck hervorheben.

FÜR 4 PERSONEN
VORBEREITUNGSZEIT 10 MINUTEN, PLUS MARINIERZEIT
GARZEIT 5 MINUTEN

24 rohe Garnelen

FÜR DIE MARINADE

2 TL geschälter und fein gehackter Ingwer

abgeriebene Schale von 2 Limetten

1 EL Limettensaft

1 EL Honig

1 EL Sojasauce

1 EL geröstetes Sesamöl

FÜR DIE SAUCE

1 Papaya, geschält, von den Kernen befreit und fein gewürfelt

Saft von 1 Limette

2 EL fein gehacktes frisches Koriandergrün

1/4 kleine rote Chilischote, fein gehackt

Salz und schwarzer Pfeffer aus der Mühle

GEGRILLTE GARNELEN MIT INGWER UND PAPAYA

Dies ist eine herrliche Frühlingsvorspeise – gerade die Papayas sind jetzt besonders gut. Servieren Sie sie nach Belieben mit jungen Salatblättern.

Die Garnelen schälen. Am Rücken aufschlitzen und den schwarzen Darm herausziehen (falls nötig). Die Garnelen abspülen und trockentupfen. Alle Zutaten für die Marinade in einer Schüssel mischen, die Garnelen hinzugeben und gut mit der Marinade bedecken. Im Kühlschrank 20 Minuten durchziehen lassen.

Die Papayawürfel mit dem Limettensaft und dem Koriandergrün mischen. Chili hinzufügen und mit Salz und Pfeffer abschmecken.

Eine Grillpfanne aus Gusseisen bei starker Hitze vorheizen. Die Garnelen (mit Marinade) auf Spieße stecken und in die Grillpfanne legen. (Sie können sie auch ohne Spieße braten.) Sobald die Garnelen rosa werden, umdrehen und weitere 2-3 Minuten grillen. Sie sind in insgesamt etwa 5 Minuten gar.

Die Garnelen heiß, warm oder kalt mit der Papayasauce servieren.

SICHUAN-HÜHNCHEN MIT CASHEWKERNEN

FÜR 4 PERSONEN
ZUBEREITUNGSZEIT 10 MINUTEN
MARINIERZEIT 1–3 STUNDEN
GARZEIT 20–25 MINUTEN

3 Hühnerbrustfilets, je etwa 150 g, ohne Haut

1 Eiweiß

6 TL Speisestärke

1 1/2 getrocknete rote Chilischoten, von den Samen befreit

4 EL Sonnenblumenöl

2 EL Sojasauce

80 g Cashewnusskerne

1 TL Zucker

2 TL Weißweinessig

6 Frühlingszwiebeln, geputzt und in feine Ringe geschnitten

Salz und schwarzer Pfeffer aus der Mühle

Die Fleischwürfel werden außen samtig und gleichzeitig saftig, wenn Sie sie vor dem Braten in Eiweiß und Stärke marinieren. Servieren Sie dieses Gericht mit pfannengerührtem Brokkoli und gedämpftem Reis.

Die Hühnerbrüste in 1 cm große Würfel schneiden. In einer Schüssel mit dem Eiweiß vermischen. 4 TL Speisestärke darüber streuen und alles gut verrühren, sodass die Hühnerwürfel rundherum überzogen sind. Zugedeckt mindestens 1 Stunde (oder bis zu 3 Stunden) in den Kühlschrank stellen.

Inzwischen die Chilischoten in einem Topf mit 300 ml Wasser und 1 EL Sonnenblumenöl zum Kochen bringen und 10–15 Minuten köcheln lassen. Die Chilischoten durch ein Sieb abgießen, abkühlen lassen und dann fein hacken.

Für die Sauce die restliche Speisestärke mit der Sojasauce und 150 ml Wasser in einer Schüssel verrühren und beiseite stellen.

1 EL Öl in einer beschichteten Pfanne oder einem Wok erhitzen. Die Cashewkerne und 1 Prise Salz hineingeben und ein paar Sekunden pfannenrühren, bis die Nüsse goldbraun sind. Beiseite stellen.

Die Pfanne wieder erhitzen und das restliche Öl hineingeben. Sobald es heiß ist, die Chilischoten, das Hühnerfleisch und den Zucker hinzufügen. Lebhaft ein paar Minuten pfannenrühren, bis das Hühnerfleisch goldbraun und gar ist, dann den Essig unterrühren und verdunsten lassen. Sofort die Sauce, die Cashewnüsse und die Frühlingszwiebeln dazugeben. Nach Belieben mit Salz und Pfeffer oder 1 Prise Zucker abschmecken. Das Gericht servieren, sobald die Sauce angedickt ist.

SAISON haben ...

FRÜHLINGSZWIEBELN

Die Frühlingszwiebel, auch Lauchzwiebel genannt, ist eigentlich eine unreife Form der normalen Zwiebel. Frühlingszwiebeln verleihen gemischten Salaten, Sandwiches und vielen gekochten Gerichten, speziell aus der südostasiatischen Küche, eine frische pikante Note. Nehmen Sie Frühlingszwiebeln mit festem Blattgrün und frisch aussehenden Wurzeln. Zwiebeln mit schlaffen Blättern und braunen Wurzeln haben ihre beste Zeit hinter sich.

FÜR 4 PERSONEN
VORBEREITUNGSZEIT 10 MINUTEN
GARZEIT 6–8 MINUTEN

400 g grüner Spargel, die holzigen Enden abschneiden

1 EL Öl

1 TL klein gehackter Ingwer

2 Knoblauchzehen, geschält und in feine Scheiben geschnitten

1 kleine rote Chilischote, in feine Ringe geschnitten

1 EL Sojasauce

1 TL Zucker

60 ml Gemüsebrühe

1 TL Speisestärke (nach Belieben)

SPARGEL MIT KNOBLAUCH AUS DEM WOK

Das köstliche Aroma des Spargels bekommt in diesem vegetarischen Gericht durch Knoblauch, Chili und Sojasauce eine exotische Note.

Von den Spargelstangen das untere Drittel großzügig schälen und die Stangen in mundgerechte Stücke schneiden.

Das Öl in einem Wok oder einer Pfanne erhitzen, Ingwer und Knoblauch hinzufügen und kurz anbraten. Den Spargel und die Chilischote dazugeben. 1 oder 2 Minuten pfannenrühren, dann Sojasauce, Zucker und Brühe unterrühren.

Offen 3–4 Minuten köcheln lassen, bis der Spargel gerade zart ist. Falls Sie die Sauce angedickt mögen, die Speisestärke mit etwas Wasser anrühren, untermischen und aufkochen lassen. Den Spargel auf einem Nudelbett servieren.

FÜR 4 PERSONEN
VORBEREITUNGSZEIT 10 MINUTEN
GARZEIT 15 MINUTEN

2 Fenchelknollen, geputzt und fein gewürfelt

3 EL Öl

1 Zwiebel, geschält und fein gehackt

1 Knoblauchzehe, geschält und gehackt

350 g Penne

2–3 EL Crème fraîche

abgeriebene Schale von 1/2 unbehandelten Zitrone

2 Hand voll frische junge Salatblätter wie Rukola, Blattspinat, Frisée oder eine Mischung davon

Salz und schwarzer Pfeffer aus der Mühle

geriebener Parmesan zum Servieren

PENNE MIT FENCHEL UND BLATTSPINAT

Ein klassisches vegetarisches Pastagericht mit einer köstlich duftenden Sauce aus Fenchel, Zitronenschale, Crème fraîche und Salatblättern.

Das Öl in einer Pfanne bei mittlerer Hitze heiß werden lassen. Zwiebel, Fenchel und Knoblauch langsam und sanft darin anbraten, hin und wieder rühren, bis das Gemüse weich ist, aber keine Farbe angenommen hat.

In der Zwischenzeit die Penne in genügend Salzwasser kochen, rasch abgießen und mit etwas Kochwasser in den Topf zurückgeben. Die Fenchelmischung unterrühren, dann die Crème fraîche, die Zitronenschale und die Salatblätter hinzufügen.

Mit Salz und Pfeffer abschmecken und kräftig umrühren, sodass die Salatblätter zusammenfallen. Sofort servieren, Pfeffer und Parmesan dazustellen.

SAISON hat ...

JUNGER BLATTSPINAT

Zarte, jung geerntete Spinatblätter sind ein ganz spezielles Frühlingsgemüse. Sie können roh in Salaten oder kurz gegart als Beilage serviert werden. Für ein köstliches warmes Gericht jungen Blattspinat ein paar Sekunden in kochendem Wasser zusammenfallen lassen, dann in einem Sieb unter fließendem kaltem Wasser abkühlen. Die Blätter ausdrücken und mit in Olivenöl gebratenen Frühlingszwiebeln, gehackter frischer Minze und 1–2 EL Crème fraîche mischen.

FATTOUSH MIT BABAGANOUSH

Fattoush ist ein traditioneller Salat aus dem Libanon, der üblicherweise Sumach enthält, ein Gewürz aus getrockneten Beeren. Der Salat ist auch ohne Sumach köstlich, besonders wenn er mit Babaganoush, einem Auberginendip, serviert wird.

FÜR 8 PERSONEN
ZUBEREITUNGSZEIT 1 1/4 STUNDEN

2 Brotfladen (Tortilla oder Wrap)

Öl zum Bepinseln

10 lange Salatblätter, in grobe Streifen geschnitten

50 g Rucola, gewaschen und verlesen

4 Tomaten, in Würfel geschnitten

6 Radieschen, in dünne Scheiben geschnitten

4 Frühlingszwiebeln, geputzt und in feine Ringe geschnitten

1/2 kleine rote Paprikaschote, von den Samen befreit und in Würfel geschnitten

1/4 Gurke, geschält und in Würfel geschnitten

1 EL gehackte Minzeblätter

1 EL gehacktes Koriandergrün

1 EL gehackte Petersilienblätter

2 EL Sumach (nach Belieben; Gewürzpulver aus dem Orientladen)

Salz und schwarzer Pfeffer aus der Mühle

FÜR DAS DRESSING

5 EL Zitronensaft

5 EL bestes Olivenöl

FÜR DAS BABAGANOUSH

2 große Auberginen, insgesamt etwa 700 g

2 Knoblauchzehen, geschält

2 EL Zitronensaft

2 EL Tahin (Sesampaste; aus dem Asien- oder Bioladen)

1 große Prise gemahlener Kreuzkümmel

1 Prise weißer Pfeffer aus der Mühle

2 EL Naturjoghurt (nach Belieben)

bestes Olivenöl zum Anrichten

gehackte Petersilie zum Garnieren

Für das Babaganoush den Grill auf höchster Stufe vorheizen. Die Auberginen mehrmals mit einer Gabel einstechen und grillen, bis die Haut Blasen bildet und schwarz wird, dabei gelegentlich wenden. Abkühlen lassen und schälen. Das Auberginenfleisch in grobe Würfel schneiden und in einem Sieb 15 Minuten abtropfen lassen. Den Knoblauch mit 1 Prise Salz zerreiben, dann in die Küchenmaschine geben. Auberginenfleisch, Zitronensaft, Tahin, Kreuzkümmel, Pfeffer und Joghurt (nach Belieben, er macht den Dip milder) hinzufügen. Zu einem dicken Püree verarbeiten. In eine Schüssel geben und abschmecken. Das Babaganoush beiseite stellen.

Den Grill auf mittlerer Stufe vorheizen. Die Brotfladen mit Olivenöl leicht einpinseln und auf ein Backblech legen. Unter den Grill legen, bis sie auf beiden Seiten leicht gebräunt und knusprig sind. Abkühlen lassen und in grobe Stücke brechen.

Die übrigen Salatzutaten in eine große Schüssel geben und mit Salz und Pfeffer gut würzen. Zitronensaft und Öl für das Dressing mischen, würzen, über den Salat gießen und gut verteilen. Den Salat mit den Brotstücken bedecken und sofort servieren. Olivenöl über das Babaganoush träufeln, mit Petersilie garnieren und separat servieren.

FÜR 6 PERSONEN
VORBEREITUNGSZEIT 1 1/2 STUNDEN
GARZEIT 40–60 MINUTEN

200 ml Olivenöl

1 Zwiebel, geschält und fein gewürfelt

1 Knoblauchzehe, geschält und in feine Scheiben geschnitten

1/4 TL gemahlener Zimt

1 Prise gemahlener Piment

500 g Hackfleisch vom Lamm

200 ml Weißwein

400 g gehackte Tomaten (aus der Dose)

abgeriebene Schale von 1 unbehandelten Zitrone

2 EL fein gehackte Petersilienblätter

1 EL grob gehackter frischer Oregano

Salz und schwarzer Pfeffer aus der Mühle

30 g frisch geriebener Parmesan

1 kg Auberginen, geputzt

FÜR DIE WEISSE SAUCE

1/2 l Milch

1 Lorbeerblatt

3 schwarze Pfefferkörner

75 g Butter

75 g Mehl

2 Eigelb

30 g frisch geriebener Parmesan

MOUSSAKA

In diesem griechischen Gericht sind aromatisches Lamm und Auberginen perfekt kombiniert. Die Zubereitung ist zeitaufwändig, Moussaka kann aber vorbereitet werden.

2 EL Olivenöl erhitzen. Zwiebel und Knoblauch darin bei schwacher Hitze glasig dünsten. Zimt und Piment hinzufügen und 2 Minuten dünsten. Das Lammfleisch dazugeben und bei mittlerer Hitze pfannenrühren, bis es krümelig und braun wird. Wein, Tomaten, Zitronenschale, Petersilie und Oregano hinzufügen und zum Kochen bringen. 30 Minuten köcheln lassen, dann den Parmesan unterrühren, salzen und pfeffern.

Für die Sauce Milch, Lorbeerblatt und Pfefferkörner in einem Topf bei schwacher Hitze zum Kochen bringen, vom Herd nehmen. Zugedeckt 20 Minuten ziehen lassen.

Die Auberginen längs in etwa 1 cm dicke Scheiben schneiden. Etwas Olivenöl in einer beschichteten Pfanne erhitzen. Eine Schicht Auberginen darin bei mittlerer Hitze auf beiden Seiten goldgelb braten. Auf Küchenpapier abtropfen lassen. Die übrigen Auberginen ebenso braten. Alle Auberginen leicht würzen. Den Backofen auf 190 °C vorheizen.

Für die Sauce die Butter in einem Topf bei schwacher Hitze zerlassen. Das Mehl einrühren und die Mehlschwitze etwa 3 Minuten ziehen lassen. Die gewürzte Milch durch ein Sieb gießen und löffelweise in die Mehlschwitze rühren. Die Milch soll von der Mehlschwitze aufgenommen sein, bevor Sie wieder Milch dazugeben. Diese dicke Sauce bei ganz schwacher Hitze und unter ständigem Rühren 5 Minuten köcheln lassen. Vom Herd nehmen und die 2 Eigelbe unterziehen. Mit Salz abschmecken.

Den Boden einer 25–30 cm großen Auflaufform mit der Hälfte der Auberginenscheiben auslegen. Mit dem Fleisch bedecken, die restlichen Auberginen darauf legen. Die warme Sauce gleichmäßig darüber verteilen und den restlichen Parmesan darauf streuen. Im Ofen etwa 40 Minuten backen, bis die Moussaka eine dicke, goldbraune Kruste hat. Vor dem Servieren 5 Minuten ruhen lassen.

Wird das Gericht nur vorbereitet, die Moussaka einschichten, abkühlen lassen und zugedeckt in den Kühlschrank stellen. Die gekühlte Moussaka mit Alufolie bedecken und 40 Minuten zugedeckt, dann weitere 20 Minuten offen backen.

SAISON hat ...

LAMM

Zartes Frühlingslamm ist köstlich, wenn es schlicht mit Olivenöl, Zitronenthymian oder einem Spritzer Zitronensaft und einer Prise Meersalz zubereitet wird. Ausgezeichnet schmeckt es aber auch in aufwändigeren Gerichten mit anderen aromatischen Zutaten, wie in dieser Moussaka und Sie können es auch mit einfachen Saucen und Gemüse oder nur einem Blattsalat servieren.

FÜR 4 PERSONEN
VORBEREITUNGSZEIT 35 MINUTEN
GARZEIT 25 MINUTEN

500 g grüner Spargel

1 l Hühnerfond (Glas)

3 EL Olivenöl

1 Zwiebel, geschält und fein gewürfelt

30 g Butter

300 g Risottoreis, z.B. Carnaroli oder Arvorio

30 g frisch geriebener Parmesan

Salz und schwarzer Pfeffer aus der Mühle

SPARGELRISOTTO

Die Saison für Spargel ist kurz – genießen Sie ihn also. Hier werden die dickeren Teile der Stangen in Brühe geköchelt und püriert, bevor sie zum Reis kommen, was dem cremigen Risotto ein zusätzliches Spargelaroma gibt.

Den Spargel gründlich waschen, die harten Enden abschneiden und wegwerfen. Die Stangen unten schälen und halbieren. Die unteren Hälften in grobe Stücke schneiden.

Den Fond auf 2 Töpfe verteilen und beide zum Kochen bringen. Die unteren Spargelstücke in einen Topf geben, aufkochen und zugedeckt 10 Minuten köcheln lassen, bis sie zart sind. Den Fond im anderen Topf sanft köcheln lassen.

Das Öl in einer breiten Pfanne bei schwacher Hitze heiß werden lassen. Die Zwiebelwürfel hinzugeben und glasig dünsten. Von den oberen Spargelstücken die Spitzen abschneiden und die Stängel in 1 cm große Stücke schneiden. Beides mit der Butter zu den Zwiebeln geben und 2 Minuten dünsten, dann den Reis unterrühren, sodass er gut mit dem Öl überzogen ist. Weitere 2 Minuten braten, dann 2–3 Schöpflöffel des köchelnden Fonds darüber gießen. Sobald der Reis die Flüssigkeit aufgenommen hat, unter Rühren immer wieder etwas Fond dazugeben.

In der Zwischenzeit die Spargelstücke mit der Brühe pürieren. Durch ein Sieb wieder in den Topf passieren. Wenn der Reis den gesamten Fond aufgenommen hat, langsam das Spargelpüree dazugeben. Nach etwa 20 Minuten wird der Reis gar sein, aber noch einen zarten Biss haben. Den Parmesan unterrühren, abschmecken und servieren. Nach Belieben jede Portion mit einigen leicht gegarten Spargelstücken garnieren.

FÜR 4–8 PERSONEN
VORBEREITUNGSZEIT 10 MINUTEN
MARINIERZEIT 30 MINUTEN
GARZEIT 25 MINUTEN

1 TL Fenchelsamen, fein zerstoßen

Saft von 1 Zitrone

2 EL Olivenöl

1 TL Paprikapulver

Salz und schwarzer Pfeffer aus der Mühle

8 küchenfertige Wachteln

50 g zerlassene Butter

GEBRATENE WACHTELN

Diese köstlichen Wachteln eignen sich ausgezeichnet für ein Büfett oder ein Picknick. Gut schmecken dazu Salat, Frühlingszwiebeln, Mayonnaise und Brot.

Fenchelsamen, Zitronensaft, Öl, Paprika und viel Pfeffer in einer großen Schüssel mischen. Die Wachteln waschen, trockentupfen und in der Marinade zugedeckt 30 Minuten ziehen lassen. Den Backofen auf 200 °C vorheizen.

Das Geflügel mit der Marinade in einen Bräter geben. Die zerlassene Butter darüber gießen. Mit Salz würzen und im Ofen (Mitte) 25 Minuten braten, dabei die Wachteln mindestens zweimal wenden. Die Wachteln sind gar, sobald ein klarer Saft austritt, wenn Sie mit einem Spieß in die Innenseite einer Keule stechen. Auf eine Platte geben und mit dem Bratfond begießen. Sofort servieren. Werden die Wachteln kalt serviert, lassen Sie sie in einer mit Alufolie ausgekleideten Form abkühlen und wickeln Sie das kalte Geflügel in die Folie ein.

HUHN MIT VIERZIG KNOBLAUCHZEHEN

FÜR 4 PERSONEN
VORBEREITUNGSZEIT 25 MINUTEN
GARZEIT 1 1/2 STUNDEN

5 EL Olivenöl

1 küchenfertiges Brathähnchen, etwa 1,8 kg, in 8 Teile zerlegt

40 ungeschälte große Knoblauchzehen

Salz und schwarzer Pfeffer aus der Mühle

1 gestrichener TL Kräuter der Provence

1 großes Bouquet garni, aus 1 Stück Lauchgrün (10 cm lang), 1 Selleriestange, 1 Lorbeerblatt und 6 Stängeln glatter Petersilie

FÜR DEN TEIG (NACH BEDARF)

100 g Mehl

50 g Schweineschmalz, Margarine oder Öl

Dieses provenzalische Gericht wird in einem mit Teig versiegelten Topf geschmort. Hat Ihr Topf einen fest schließenden Deckel, können Sie darauf verzichten.

Den Backofen auf 180 °C vorheizen. 2 EL Olivenöl in einer großen Pfanne bei mittlerer Hitze heiß werden lassen. Die Hühnerteile rundum goldbraun anbraten, dann mit dem Knoblauch in einen Schmortopf geben. Mit dem restlichen Öl begießen, sodass alles gut vom Öl überzogen ist. Mit Salz, Pfeffer und Kräutern der Provence würzen. Das Bouquet garni in die Mitte geben.

Für das Siegel einen Teig aus Mehl, Fett und etwas Wasser zubereiten und zu einer langen Wurst rollen. Den Topfrand innen anfeuchten, die Teigwurst ringsum andrücken und den Deckel fest aufsetzen. Den Schmortopf in den Ofen stellen. Nach 1 1/2 Stunden herausnehmen, das Siegel brechen und das Huhn servieren.

SAISON hat ...

FRISCHER KNOBLAUCH

Knoblauch ist seit Jahrtausenden eine wichtige Zutat mit hohem gesundheitlichem Wert. Knoblauch wird das ganze Jahr über angeboten, doch der frische Knoblauch, den man an seinem saftigen grünen Stil erkennt, ist besonders reizvoll für die Küche. Sein Aroma ist milder als das von getrocknetem Knoblauch. Knoblauch ist unverzichtbar bei Gerichten mit hohem Fett- oder Ölgehalt, denn sein Aroma gleicht das des Fettes aus.

FÜR 6 PERSONEN
VORBEREITUNGSZEIT 15 MINUTEN
GARZEIT 1 1/2 – 2 1/2 STUNDEN

4 Zweige Rosmarin

1 unbehandelte Zitrone

100 g weiche Butter

Salz und schwarzer Pfeffer aus der Mühle

1 Lammkeule von 1,8–2 kg

1 1/4 kg neue kleine Kartoffeln, abgeschrubbt

8 ungeschälte Knoblauchzehen

FÜR DIE SAUCE

150 ml Rotwein

2 EL rotes Johannisbeergelee

300 ml Rinder- oder Lammfond (Glas)

LAMMKEULE MIT NEUEN KARTOFFELN

Ein köstliches Frühlingsgericht. Neue Kartoffeln werden mit Rosmarin und mit dem Lamm zusammen gebraten.

Den Backofen auf 230 °C vorheizen.

Die Blätter von 2 Rosmarinzweigen abstreifen und hacken. Die Zitrone waschen und die Schale abreiben. Beides mit der Butter mischen. Die Lammkeule mit Salz und Pfeffer würzen, mit der Butter bestreichen und in einen großen Bräter setzen.

Die Keule im Ofen 20 Minuten anbraten. Die Temperatur auf 200 °C reduzieren, das Fleisch mit dem Bratensaft begießen und weiterbraten: Nach 1 Stunde ist das Fleisch englisch, nach 1 1/2 Stunden rosa und nach 2 Stunden durchgebraten.
45 Minuten vor dem Ende der Garzeit die Kartoffeln mit Salz bestreuen, mit den restlichen Rosmarinzweigen und dem Knoblauch um das Fleisch legen und alles mit Bratensaft begießen. Die Zitrone in Viertel schneiden und ebenfalls dazugeben.

Wenn das Lamm gar ist, dieses mit den Kartoffeln auf eine vorgewärmte Platte geben und an einem warmen Ort 10 Minuten ruhen lassen.

Den Rosmarin und die Zitronenviertel aus dem Bräter nehmen. Vom Bratensaft das Fett bis auf 3 EL abschöpfen. Die Knoblauchzehen aus der Haut drücken und in den Bräter geben. Den Bräter bei schwacher Hitze auf den Herd stellen, den Wein hineingießen und alle Bratenrückstände darin auflösen. Sobald der Wein köchelt, das Johannisbeergelee unterrühren, bis es sich aufgelöst hat, dann den Fond hinzufügen. Bei mittlerer Hitze 10–15 Minuten köcheln lassen, bis die Sauce leicht angedickt ist. Durch ein Sieb in eine vorgewärmte Sauciere gießen und mit dem Lamm und den Kartoffeln servieren.

FÜR 4 PERSONEN
VORBEREITUNGSZEIT 20 MINUTEN
MARINIERZEIT 30 MINUTEN
GARZEIT 16 MINUTEN

4 Hühnerbrustfilets

2 EL Olivenöl

2 Zweige Estragon, die Blätter abgezupft

Schale von 1 unbehandelten Zitrone, in feine Streifen geschnitten

2 EL Zitronensaft

Salz und schwarzer Pfeffer aus der Mühle

FÜR DIE OLIVENBUTTER

50 g weiche Butter

2 TL Zitronensaft

1/2 TL fein gehackte Estragonblätter

3 große grüne Oliven, entkernt und fein gewürfelt

GEGRILLTES HUHN MIT OLIVENBUTTER

So bekommt Hühnerbrust rasch einen besonderen Pepp. Das Fleisch wird wie ein Schnitzel geklopft, bevor es in Olivenöl, Estragon, Zitronenschale und -saft mariniert. Ein Stückchen Olivenbutter dazugeben – schon haben Sie ein wunderbares Grillgericht.

Jede Brust quer durchschneiden und jedes Stück zwischen 2 Blatt Frischhaltefolie legen. Mit dem Fleischklopfer behutsam zu dünnen Schnitzeln klopfen.

In einer Schüssel Olivenöl, Estragon, Zitronenschale und –saft mit 1 Prise schwarzem Pfeffer mischen. Die Hühnerbrüste darin wenden, sodass sie gut von der Marinade überzogen sind. Zugedeckt 30 Minuten in den Kühlschrank stellen.

Für die Olivenbutter mit dem Schneebesen die Butter, den Zitronensaft und die Estragonblätter mischen, dann die gewürfelten Oliven darunter heben und abschmecken. Die Mischung auf Alufolie geben und zu einer groben Wurst formen. Zusammenrollen und im Kühlschrank aufbewahren.

Eine Grillpfanne bei mittlerer Hitze vorheizen. 2 Schnitzel hineingeben und auf jeder Seite 4 Minuten grillen. Warm halten und die anderen Schnitzel grillen.
Je 1 Scheibe Olivenbutter auf den Schnitzeln schmelzen lassen und servieren. Dieses Gericht schmeckt köstlich mit Salat und Pommes frites oder neuen Kartoffeln.

SAISON hat ...

HUHN

Huhn ist das ganze Jahr erhältlich, doch im Frühling entwickelt sein Fleisch ein besonderes Aroma. Kaufen Sie Hähnchen möglichst aus biologischer Haltung.
Sie können davon mehrere Mahlzeiten bereiten: Braten Sie es mit Zitrone und servieren Sie dazu Brokkoli. Kalte Reste verwenden Sie für einen Salat mit neuen Kartoffeln, Mayonnaise und Kräutern. Aus der Karkasse kochen Sie eine Brühe für einen Frühlingsrisotto mit Spargel und Zuckererbsen.

FÜR 4 PERSONEN
ZUBEREITUNGSZEIT 10 MINUTEN
GARZEIT 10 MINUTEN

4 Haferplätzchen, fein zerkrümelt

1 TL Senfpulver

4 Forellenfilets

4 TL Meersalz

FÜR DIE SAUCE

150 g saure Sahne oder Crème fraîche

2 EL Honigsenf (oder 1 EL mittelscharfer Senf mit 1 EL Honig vermischt)

1 EL Schnittlauch, in kleine Röllchen geschnitten

FORELLE IN SENFKRUSTE

Ein ideales Gericht für ein leichtes Mittag- oder Abendessen oder den Sonntagsbrunch. Forellen sind fettreiche Fische; das Fett macht die Kruste knusprig, sogar in einer trockenen Pfanne. Auch Heringe eignen sich für dieses Rezept. Sie können die Plätzchenkrümel durch Semmelbrösel oder gemahlene Mandeln ersetzen.

Für die Sauce die saure Sahne oder Crème fraîche mit dem Senf und dem Schnittlauch locker mit dem Schneebesen mischen. Nicht zu fest schlagen, sonst wird die Sauce zu flüssig. Bis zur Verwendung in den Kühlschrank stellen.

Die Plätzchenkrümel auf einen Teller streuen und das Senfpulver untermischen. Die Forellenfilets in der Mischung wenden und andrücken, sodass sie gut umhüllt sind.

Eine Pfanne mit schwerem Boden bei starker Hitze vorheizen und 2 TL Meersalz hineinstreuen. 2 Fischfilets auf das Salz legen – wenn die Pfanne richtig heiß ist, benötigen Sie kein Fett, um die Fische zu braten. Die Pfanne ständig rütteln, damit die Filets nicht anbacken. Die Filets einmal wenden und auf jeder Seite 2–3 Minuten braten. Auf eine vorgewärmte Platte geben und warm halten. Die Pfanne auswischen und das Ganze mit dem restlichen Salz und den übrigen Filets wiederholen.

Wenn Sie den Fisch lieber grillen wollen, belegen Sie die Filets mit ein paar Stückchen Butter, damit die Krümelhülle nicht verbrennt. Die Garzeit ist etwa gleich.

Jedes Fischfilet auf einen vorgewärmten Teller geben und mit der kühlen Senfsauce servieren.

CURRY-GARNELEN IN KOKOSMILCH

FÜR 6 PERSONEN
ZUBEREITUNGSZEIT 15 MINUTEN
GARZEIT 40 MINUTEN

5 EL Öl

3 Zwiebeln, geschält und in feine Ringe geschnitten

3 TL fein gehackter frischer Ingwer

3 Knoblauchzehen, geschält und gehackt

2–3 grüne Chilischoten (nach Belieben), in feine Ringe geschnitten

1 EL gemahlener Koriander

1 1/2 TL Kurkuma

1 Prise Chilipulver

Salz und schwarzer Pfeffer aus der Mühle

Saft von 1 1/2 Zitronen

1 1/2 kg geschälte rohe Garnelenschwänze

600 ml Kokosmilch

2 Hand voll grob gehacktes Koriandergrün

Für dieses schnelle Curry werden knackige Garnelen in einer karamellisierten Zwiebelsauce gegart, die ihr Aroma duftenden orientalischen Gewürzen, Chili, Zitrone und Kokosmilch verdankt.

Das Öl in einer breiten Pfanne bei starker Hitze heiß werden lassen und die Zwiebeln hinzufügen. Wenn die Zwiebeln brutzeln, bei mittlerer Hitze unter ständigem Rühren braten, bis sie weich und goldbraun sind. Den Ingwer, den Knoblauch und die Chilischoten dazugeben und weitere 2 Minuten dünsten. Dann Koriander, Kurkuma, Chilipulver und 1 großzügige Prise schwarzen Pfeffer hinzufügen. 3 Minuten dünsten. Den Zitronensaft und 300 ml Wasser unterrühren. Alles zum Kochen bringen und 5–10 Minuten lebhaft köcheln lassen, bis das Wasser verdunstet ist und das Öl aus den Zwiebeln austritt. (Bis hierher kann das Gericht vorbereitet und zugedeckt bis zur Verwendung im Kühlschrank aufbewahrt werden.)

Zur Fertigstellung die Zwiebelmischung stark erhitzen und die Hälfte der Garnelen dazugeben. So lange pfannenrühren, bis die Garnelen rosa und gar sind, dann mit einem Schaumlöffel aus der Pfanne nehmen. Den Vorgang mit den restlichen Garnelen wiederholen.

Die Kokosmilch in die Pfanne geben, zum Kochen bringen und köcheln lassen, bis die Sauce leicht eingedickt ist. Die Garnelen wieder in die Pfanne geben und darin sanft 1–2 Minuten erwärmen. Nochmals abschmecken. Das Koriandergrün über das Gericht streuen. Mit Reis servieren.

FÜR 4 PERSONEN
VORBEREITUNGSZEIT 10 MINUTEN
GARZEIT 5 MINUTEN

2–4 Meerbrassen, geschuppt und filetiert

50 g weiche Butter

1 rote Chilischote, von den Samen befreit und fein gehackt

2 EL fein gehackte Petersilienblätter

abgeriebene Schale und Saft von 1 Limette

Salz und schwarzer Pfeffer aus der Mühle

3 EL Olivenöl

MEERBRASSE MIT CHILI-LIMETTEN-BUTTER

Das köstliche zarte Fleisch der Meerbrasse bleibt schön saftig, wenn man den Fisch in Olivenöl brät. Mit einem Stich Chili-Limetten-Butter entfaltet sich sein feines Aroma optimal. Nach diesem Rezept lassen sich auch andere Fische mit weißem Fleisch zubereiten.

Zuerst die Chili-Limetten-Butter zubereiten. Die Butter mit der gehackten Chilischote und Petersilie mischen. Die Limettenschale hinzufügen, dann 2 EL Limettensaft unterrühren. Mit Salz und Pfeffer abschmecken.

Die Butter auf ein Stück Alufolie legen und zu einer Wurst formen, fest zusammenrollen. Bis zur Verwendung im Kühlschrank aufbewahren.

Jedes Fischfilet auf der Hautseite dreimal diagonal einschneiden. Dadurch rollt es sich beim Braten nicht zusammen. Eine beschichtete Pfanne bei mittlerer Hitze vorheizen und das Öl hineingeben. Die Filets leicht würzen und mit der Fleischseite nach unten ins Öl legen. So lange braten, bis sie goldbraun sind und nicht mehr anhaften, dann umdrehen und auf der Hautseite fertig garen. Das dauert insgesamt 5–6 Minuten; eventuell müssen Sie die Fischfilets portionsweise braten.

Die Butter in 5 mm dicke Scheiben schneiden. Die Fischfilets auf vorgewärmte Teller geben, auf jedes Filet ein paar Butterscheiben legen. Dieses Gericht schmeckt köstlich mit gedünstetem Spinat.

FÜR 4 PERSONEN ALS VORSPEISE
VORBEREITUNGSZEIT 15 MINUTEN
GARZEIT 10 MINUTEN

2 rote Paprikaschoten, halbiert und von den Samen befreit

12 große rohe Garnelen mit der Schale

Sonnenblumenöl zum Frittieren

150 ml Eiswasser

1 Eigelb

120 g Mehl

GARNELEN IN TEIGHÜLLE

Diese Methode, mundgerechte Leckerbissen rasch in Tempurateig zu garen, lässt sich bei jedem Gemüse oder Fisch anwenden. Servieren Sie dazu eine würzige Dipsauce.

Jede Paprikahälfte in 8 Streifen schneiden. Die Garnelen von den Köpfen befreien, dann bis auf den Schwanz schälen. Jede Garnele am Rücken einritzen und den dunklen Faden entfernen. Einige Schnitte am Bauch verhindern, dass sich die Garnelen beim Garen einrollen.

Das Öl in einer Fritteuse, einem Wok oder einem Topf mit schwerem Boden erhitzen. Das Eiswasser in einer Schüssel mit dem Eigelb gut vermischen. Das Mehl nur kurz unterrühren. Der Teig ist dann dünn und noch klumpig. Die Garnelen einzeln hineintauchen, abschütteln und in kleinen Portionen im heißen Öl 2 Minuten frittieren. Dabei ein- oder zweimal wenden, bis sie goldbraun sind. Auf Küchenpapier abtropfen lassen. Die Paprika genauso 1 Minute frittieren.

FÜR 4 PERSONEN
VORBEREITUNGSZEIT 30 MINUTEN
GARZEIT 25 MINUTEN

500 g neue Kartoffeln, abgeschrubbt

1 Gurke, geschält, längs halbiert, entkernt und in Halbmonde geschnitten

Salz und schwarzer Pfeffer aus der Mühle

4 kaltgeräucherte Lachsfilets, je etwa 150 g

30 g Butter in Stückchen

1 EL Zitronensaft

2 EL Zucker

2 EL Weißweinessig

1 TL fein gehackte Dillspitzen

100 g gemischte junge Salatblätter, gewaschen

FÜR DAS DRESSING

2 EL Weißweinessig

1 TL körniger Dijonsenf

6 EL bestes Olivenöl

1 kleines Bund Schnittlauch, in feine Röllchen geschnitten

SAISON haben ...

NEUE KARTOFFELN

Kleine, fest kochende neue Kartoffeln sind ideal für warme Kartoffelsalate. Sie sind rasch gar und lassen sich gut mit anderen Zutaten kombinieren, von Chilischoten und Frühlingszwiebeln bis zu Räucherfisch wie Makrele und Lachs und knusprig gebratenen Speckstreifen. Am besten schmecken neue Kartoffeln kurz nach der Ernte. Bis zur Verwendung an einem kühlen Ort aufbewahren. Vor dem Kochen einfach abschrubben.

RÄUCHERLACHS MIT KARTOFFELSALAT

Hier wird kaltgeräucherter Lachs in dicken Scheiben gegart. Beim Garen entwickelt er ein mildes Raucharoma.

Die Kartoffeln in Wasser in 15–20 Minuten weich kochen. Für das Dressing alle Zutaten verrühren. Die Gurken in einer Schüssel leicht salzen und 10 Minuten ziehen lassen.

Backofen auf 180 °C vorheizen. Die Lachsfilets auf ein großes Stück Alufolie setzen, mit Butter belegen, mit Zitronensaft und Pfeffer würzen. Die Fische in die Folie wickeln und 25 Minuten in den Ofen geben.

Die warmen Kartoffeln schälen und in dünne Scheiben schneiden, in der Hälfte der Vinaigrette schwenken. Den Zucker mit Essig und Dill mischen, über die Gurken gießen. Die Salatblätter mit der restlichen Vinaigrette überziehen, mit Lachs, Kartoffelsalat und Gurken servieren.

FÜR 6 PERSONEN
VORBEREITUNGSZEIT 25 MINUTEN
GARZEIT 10–12 MINUTEN

1 Dose schwarze Bohnen oder Kidneybohnen (400 g)

Saft von 1 Limette

6 EL bestes Olivenöl

1 kleine, fein gehackte Chilischote (oder mehr nach Belieben)

1 Bund Koriandergrün, grob gehackt

1 kleine rote Zwiebel, geschält und gewürfelt

Salz und schwarzer Pfeffer aus der Mühle

250 g Tomaten

1 kleine reife Avocado

FÜR DEN SCHWERTFISCH

6 Schwertfischsteaks, je etwa 200 g

6 EL Olivenöl

3 EL edelsüßes Paprikapulver

1 EL gemahlener Kreuzkümmel

1 EL Knoblauchgranulat

1 EL getrockneter Thymian

3 Limetten, halbiert

SCHWERTFISCH MIT BOHNENRELISH

Schwertfisch hat ein sehr festes Fleisch, deswegen kann man ihn stark würzen und erhitzen. Hier wird der Fisch mit einer Würzmischung auf Paprikabasis eingerieben, dann gebraten und mit einem pikanten Avocado-Bohnen-Relish serviert.

Für das Relish die Bohnen in ein Sieb geben und unter fließendem kaltem Wasser gründlich abspülen. Trockenschütteln und abtropfen lassen. Limettensaft und Olivenöl in eine mittelgroße Schüssel geben. Gut aufschlagen und Chili, Koriandergrün und Zwiebel hinzufügen. Mit Salz und Pfeffer würzen und die Bohnen untermischen.

Jede Tomate kreuzweise einritzen, in eine Schüssel geben und mit kochendem Wasser bedecken. 1 Minute stehen lassen, dann abgießen. Die Tomaten schälen, halbieren und entkernen, in kleine Würfel schneiden und mit den Bohnen vermischen. Schließlich die Avocado halbieren, schälen und den Stein entfernen. Das Fleisch in Würfel schneiden, die etwas größer als die Bohnen sind, und behutsam unter das Relish heben. Abschmecken und beiseite stellen.

Eine Grillpfanne bei mittlerer Hitze vorheizen. Von den Schwertfischsteaks die Haut abschneiden und alle dunkel aussehenden Fleischteile entfernen, da sie bitter schmecken können. Die Steaks mit dem Olivenöl einpinseln. In einer Schüssel Paprika, Kreuzkümmel, Knoblauchgranulat, Thymian, 1 großzügige Prise Salz und Pfeffer mischen. Die Gewürzmischung über den eingeölten Fisch streuen, bis die Steaks gleichmäßig damit bedeckt sind. In die heiße Grillpfanne legen und auf jeder Seite etwa 4 Minuten braten. Muss dies in zwei Portionen geschehen, die erste Portion Fisch kürzer braten und im auf 100 °C vorgeheizten Backofen warm halten, während die zweite Portion gebraten wird.

Die fertigen Schwertfischsteaks auf vorgewärmte Teller geben und darauf das Avocado-Bohnen-Relish anrichten. Mit den Limettenhälften garnieren und servieren.

RHABARBER-COBBLER

FÜR 6 PERSONEN
VORBEREITUNGSZEIT 30 MINUTEN
GARZEIT 30 MINUTEN

900 g Rhabarber (geschält und geputzt gewogen), in Stücke geschnitten

180 g Zucker (nach Belieben)

1 Vanilleschote, in 2 oder 3 Stücke geschnitten

400 g Himbeeren (frisch oder tiefgekühlt; oder Erdbeeren, nach Belieben)

FÜR DEN SCONE-TEIG

350 g Mehl, mit 10 g Backpulver vermischt

1 Prise Salz

125 g kalte Butter, in Würfel geschnitten

90 g Zucker

2 kleine Eier, verquirlt

100 ml Milch, plus Milch zum Einpinseln

2 EL Kristallzucker

Mehl zum Arbeiten

Cobbler sind englische Fruchtpasteten mit einem Deckel aus Scones, die wie Pflastersteine aussehen. Servieren Sie die Cobbler heiß, warm oder kalt, mit Sahne oder Crème fraîche. Wenn Sie jetzt schon Himbeeren bekommen, greifen Sie zu, sie passen gut in den Cobbler.

Den Backofen auf 180 °C vorheizen. Den Rhabarber, den Zucker und die Vanilleschote in eine Auflaufform mit 1 1/2 l Fassungsvermögen geben. Im Ofen 10–15 Minuten garen, je nach der Dicke des Rhabarbers. Aus dem Ofen nehmen und die Vanilleschote entfernen.

Das Mehl mit dem Salz in eine Schüssel sieben und mit den Butterwürfeln zu feinen Streuseln verarbeiten. Den Zucker unterrühren. Die Eier in einen Messbecher geben und mit der Milch auf etwa 200 ml aufgießen. Eier-Milch über die Streusel gießen und alles zu einem klumpigen Teig mischen.

Den Teig auf eine bemehlte Arbeitsplatte geben und glatt kneten. 1 cm dick ausrollen und mit einem bemehlten Ausstecher (5 cm Durchmesser) Scones oder einfach Kreise oder Rechtecke ausstechen. Die Himbeeren unter den Rhabarber mischen und darüber die Scones in einander gerade überlappenden Kreisen anrichten. Mit Milch bepinseln und den Zucker darüber streuen. 30 Minuten im Ofen backen, bis der Cobbler goldbraun und saftig ist. Nach Belieben Schlagsahne dazu reichen.

FÜR 30 STÜCK
VORBEREITUNGSZEIT 30 MINUTEN
BACKZEIT PRO BLECH 10 MINUTEN

400 g Mehl

1/2 TL Natron (Apotheke)

1/2 TL Backpulver

1/2 TL Salz

180 g weiche Butter

abgeriebene Schale von 2 kleinen unbehandelten Orangen

90 g brauner Zucker

90 g Zucker

2 Eier, leicht verquirlt

200 g weiße Schokolade, in grobe Würfel gehackt

Butter für die Bleche

KEKSE MIT SCHOKO-CHIPS

Dieses Rezept lässt sich leicht variieren. Nehmen Sie andere Schokoladensorten oder ersetzen Sie einen Teil Schokolade durch gehackte Mandeln, Hasel- oder Pecannüsse.

Den Backofen auf 180 °C vorheizen. 2 Backbleche gut fetten.

Mehl, Natron, Backpulver und Salz in eine Schüssel sieben. In einer anderen Schüssel Butter, Orangenschale und Zucker mit dem Schneebesen cremig schlagen. Vorsichtig nach und nach die Eier unterschlagen. Erst die Mehlmischung und dann die Schokolade untermischen. Der Teig soll ziemlich fest sein.

Walnussgroße Teigstücke zwischen den Handflächen rollen und behutsam flach drücken. Mit genügend Abstand auf die Bleche legen. 10–12 Minuten backen, bis die Ränder leicht Farbe annehmen, aber die Mitte noch weich ist. Die Kekse 1–2 Minuten auf den Blechen ruhen lassen, dann zum Abkühlen auf ein Kuchengitter geben.

FÜR 6 PERSONEN
VORBEREITUNGSZEIT 20 MINUTEN, PLUS KÜHLZEIT

5 Mangos

500 g gekühlter griechischer Joghurt

Saft und abgeriebene Schale von 1 kleinen Limette

1 EL Kirschwasser

Zucker (nach Belieben)

MANGOCREME

Ein himmlischer Genuss: Mangopüree in griechischem Joghurt, der mit Zucker, Limettensaft und Kirschwasser einen besonderen Pepp bekommt.

Die Mangos schälen, das Fleisch in großen Würfeln von den Steinen schneiden. Ein paar kleine Stücke als Garnitur aufheben. Die Mangowürfel pürieren.

Den Joghurt in eine Schüssel geben und das Mangopüree langsam unterheben. Mit dem Limettensaft und dem Kirschwasser vermischen. Zucker nach Belieben hinzufügen – bei sehr reifen und süßen Mangos ist dies nicht nötig. Zudecken und zum Andicken in den Kühlschrank stellen.

Die gekühlte Creme in kleinen Bechern oder Förmchen servieren, garniert mit der Limettenschale und einigen Mangospalten.

SAISON hat ...

MANGO

Erfrischende Mangos stammen ursprünglich von den Vorgebirgen des Himalaya in Indien. Mangos sind reif, wenn sie aromatisch duften und sich etwas weich anfühlen. Vorsichtig behandeln, da sie leicht Flecken bekommen. Köstlich schmecken sie in cremigen Fruchtdesserts, Obstsalaten, Saucen oder Milchshakes – oder man isst sie einfach so, geschält und in saftige Spalten oder Würfel geschnitten.

RHABARBERTÖRTCHEN

Diese Mürbeteigtörtchen sind einfach zuzubereiten und können auch mit anderem Obst belegt werden. Beerenobst muss nicht gekocht werden, sodass die Zubereitung der Törtchen damit noch schneller geht.

FÜR 6 GROSSE ODER 10–12 KLEINE TORTELETTESFÖRMCHEN
VORBEREITUNGSZEIT 20 MINUTEN
KÜHLZEIT 30 MINUTEN
BACKZEIT 20 MINUTEN, PLUS ABKÜHLZEIT

150 g Mehl

1 Prise Salz

75 g kalte Butter, in Würfel geschnitten

1 großes Eigelb

2–3 EL Eiswasser

Mehl zum Arbeiten

FÜR DEN BELAG

6 Stangen Rhabarber, geschält und in Stücke geschnitten

2 EL Zucker

Ahornsirup (nach Belieben)

FÜR DIE FÜLLUNG

250 g Frischkäse

50 g Puderzucker, gesiebt

120 g Crème fraîche

120 g Sahne

Das Mehl und das Salz in eine Schüssel geben. Die Butter hinzufügen und mit den Fingerspitzen zu feinen Streuseln verkneten. Das Eigelb dazugeben und leicht vermischen. Mit etwas Eiswasser die Mischung gerade zu einem Teig verbinden. Auf einer bemehlten Arbeitsfläche ganz leicht kneten, dann zu einer flachen Platte formen, in Folie wickeln und für 30 Minuten in den Kühlschrank stellen.

Den Backofen auf 200 °C vorheizen. Den Teig dünn ausrollen und entweder 6 große (10 cm) oder 10–12 kleine Kreise (5 cm) für Törtchen- oder Muffinformen ausschneiden. Die Förmchen damit auslegen und den Teigboden mit der Gabel einstechen. Im Ofen in 10–15 Minuten goldbraun backen. Die Förmchen aus dem Ofen nehmen und die Törtchen darin abkühlen lassen.

Für den Belag den Rhabarber mit 2–3 EL Wasser und dem Zucker in einen Topf geben. Bei ganz schwacher Hitze 10–15 Minuten köcheln lassen, bis der Rhabarber weich ist. Abkühlen lassen.

Für die Füllung den Frischkäse mit dem Zucker und der Crème fraîche mischen. Die Sahne steif schlagen und unter die Frischkäsemischung heben. Die Mischung löffelweise in die Törtchen geben, mit dem Rhabarber (oder einem anderen Obst) belegen und mit Ahornsirup beträufeln. Sofort servieren.

SAISON hat...

RHABARBER

Rhabarber, der vermutlich aus Tibet stammt, ist eigentlich ein Gemüse, und als solches wird er manchmal im Nahen Osten serviert. Im Westen wird er für Kuchen, Marmeladen und sogar für Wein verwendet. Im Frühling kommt Freilandrhabarber auf den Markt. Er ist dicker und dunkler als der frühe Rhabarber. Beim Verarbeiten stets die giftigen Blätter entfernen! Die Stangen in gleich große Stücke schneiden, sodass sie gleichmäßig garen.

FÜR 16 STÜCK
VORBEREITUNGSZEIT 40 MINUTEN, PLUS ABKÜHLZEIT
BACKZEIT 35 MINUTEN, PLUS ABKÜHLZEIT

400 g geschälte Mandeln, grob gehackt

3 EL Zucker

400 g Filoteig

200 g zerlassene Butter, plus Butter zum Bepinseln und für die Form

FÜR DEN SIRUP

350 g Zucker

in Streifen geschnittene Schale von 1 unbehandelten Zitrone

1 1/2 EL Zitronensaft

2 1/2 Zimtstangen, in Stücke gebrochen

BAKLAVA

Die Zubereitung dieses berühmten süßen türkischen Gebäcks ist zeitaufwändig, aber einfach. Übrig gebliebenen Filoteig zusammenrollen und einfrieren.

Den Sirup am besten am Vortag zubereiten und im Kühlschrank aufbewahren. Alle Zutaten mit 1/2 l Wasser in einem kleinen Topf bei mittlerer Hitze erwärmen, gelegentlich umrühren, bis sich der Zucker aufgelöst hat. Bei schwacher Hitze etwa 20 Minuten köcheln lassen, bis ein dünner Sirup entstanden ist. In eine Schüssel gießen und zugedeckt abkühlen lassen. In den Kühlschrank stellen.

Den Backofen auf 160 °C vorheizen. Eine 30 x 20 cm große und 5 cm hohe Auflaufform großzügig ausbuttern.

Die Mandeln mit dem Zucker mischen und beiseite stellen.

Den Filoteig, falls nötig, für die Form zurechtschneiden. Die Teigblätter werden leicht schrumpfen, daher etwa 1 cm größer ausschneiden. Das erste Blatt reichlich mit zerlassener Butter bepinseln und auf den Boden der Form legen. Insgesamt 5 Schichten mit Butter bepinselte Teigblätter aufeinander legen, sodass sie völlig den Boden bedecken, dann mit einem Drittel der Mandeln bestreuen. Mit 3 weiteren Teigschichten bedecken, dann mit der Hälfte der restlichen Mandeln bestreuen und 3 weitere Teigschichten darüber legen. Mit den restlichen Mandeln bestreuen und mit 7 oder 8 weiteren Teigschichten belegen. Das oberste Blatt großzügig mit zerlassener Butter bepinseln.

Mit einem scharfen Messer behutsam durch die obersten Teigschichten schneiden und etwa 16 Quadrate, Rauten oder Rechtecke markieren. Nicht ganz durchschneiden. Dies erleichtert das Servieren der Baklava.

Die Baklava im Ofen 30 Minuten backen, dann die Temperatur auf 200 °C erhöhen und weitere 10 Minuten backen. Die Baklava ist fertig, wenn sie goldbraun ist.

Inzwischen die Zitronenschale und die Zimtstangen aus dem Sirup nehmen. Sobald die Baklava aus dem Ofen kommt, den kalten Sirup rasch und gleichmäßig darüber gießen. Abkühlen lassen. Nach dem Erkalten die Stücke entlang der markierten Linien durch alle Teigschichten schneiden. Mit starkem Kaffee servieren. Die Baklava schmeckt noch besser und ist klebriger, wenn sie einen Tag nach der Zubereitung serviert wird.

FÜR 6 OFENFESTE FÖRMCHEN VON 8 CM DURCHMESSER
VORBEREITUNGSZEIT 30 MINUTEN
GARZEIT 30 MINUTEN, PLUS ABKÜHLZEIT

8 Eigelb

50 g Zucker

600 g Sahne

1 Vanilleschote

Puderzucker zum Anrichten

CRÈME BRÛLÉE

Verwenden Sie für dieses beliebte Dessert (wörtlich »gebrannte Creme«) Eier, Zucker und Sahne von bester Qualität – das Ergebnis wird Sie verblüffen.

Den Backofen auf 180 °C vorheizen.

Die Eigelbe mit dem Zucker in einer großen Schüssel mit dem Schneebesen gut verrühren.

Die Sahne und die Vanilleschote in einem Topf mit schwerem Boden bei mittlerer Hitze fast bis zum Kochen bringen. Den Topf vom Herd nehmen und die Vanilleschote herausnehmen. Die Schote aufschlitzen, das Mark herauskratzen und in die Sahne geben. Die Schote wegwerfen. Die Sahne langsam unter die Eigelbmischung ziehen.

Wasser in einem weiten Topf zum Kochen bringen und die Hitze stark reduzieren. Die Schüssel mit der Ei-Sahne-Mischung auf das köchelnde Wasser setzen und etwa 15 Minuten erwärmen, dabei mit einem Holzlöffel ständig rühren, bis die Mischung zu einer Vanillesauce von sahniger Konsistenz andickt.

Die Sauce durch ein Sieb in die Förmchen gießen. In einen Bräter oder auf ein tiefes Backblech setzen und so viel warmes Wasser angießen, dass die Förmchen bis zu drei Vierteln im Wasser stehen. Für 20–30 Minuten im Ofen garen, bis die Creme gerade stockt. Um dies zu überprüfen, eines der Förmchen nach 20 Minuten aus dem Bräter nehmen und sanft schütteln. Die Mitte der Creme sollte sich leicht bewegen. Ist sie noch zu flüssig, die Cremes weitere 5 Minuten garen. Dann die Förmchen aus dem Ofen und aus dem Bräter holen und abkühlen lassen, aber nicht in den Kühlschrank stellen.

Über die abgekühlte Creme eine dünne Schicht Puderzucker sieben. Mit einem Crème-brûlée-Brenner den Zucker erhitzen, bis er sich gerade aufgelöst, aber nicht verfärbt hat. Eine weitere dünne Schicht Zucker aufbringen und erneut mit dem Brenner erhitzen. Der Zucker soll Bläschen werfen und sich verfärben. Aufhören, wenn er gerade goldbraun wird. Eine dritte Schicht aufbringen und dunkel goldbraun erhitzen. Diese dünne Schicht genügt. Der Zuckerüberzug kann auch unter einem sehr heißen Grill karamellisiert werden, wobei die Förmchen nahe an der Grillheizschlange sein müssen, aber mit einem Brenner geht dies viel kontrollierter. Die Cremes ruhen lassen, dann bei Zimmertemperatur servieren.

SOMMER

Dies ist die großzügigste Jahreszeit. Viele Produkte sind jetzt reif und voller Geschmack – und sie lassen sich mit wenig Aufwand zubereiten. Sie können also entspannt die Früchte Ihrer Kochkünste genießen.

ZUCCHINI Grüne und gelbe Früchte ergeben herrliche Sommergerichte.

MELONEN Sie schmecken köstlich und erfrischen wunderbar.

ERBSEN Ganz jung und frisch schmecken sie auch roh köstlich.

SOMMER

ZUTATEN DER SAISON

Die Tage sind heiß und machen träge, überall duftet es üppig, und die Früchte reifen: Der Sommer ist die sinnlichste Jahreszeit. Er belohnt uns dafür, dass wir winterliche Kälte und Dunkelheit überstanden haben und erfüllt die Versprechen des Frühlings.

Statt von brutzelnden und brodelnden Töpfen umgeben in der Küche zu stehen, kann man im Sommer ganz anders kochen, ja, hin und wieder sogar draußen grillen. War bisher langsames Kochen angesagt, müssen die meisten Sommerzutaten nur kurz gegart werden oder lassen sich sogar roh in ihrer ganzen Pracht servieren.

»Grillen!« lautet die Devise, wenn die Temperaturen steigen. Aber ein sommerliches Abendessen bietet weitaus mehr als Fleisch oder Fisch vom Holzkohlengrill. Klatschen Sie ein schönes mageres Steak nicht einfach auf den Grill, sondern gönnen Sie sich (und ihm) den Luxus einer würzigen Marinade, vertrauen Sie das Steak dann ein paar Sekunden der Glut an und vollenden Sie das Gericht mit knackigen, zarten grünen Bohnen.

Während wir uns auf der Sonnenliege zurücklehnen, stellen wir uns vor, wie die Hände der Bauern nun behutsam junge Bohnen und frische Erbsen für Suppen und Aufläufe pflücken.

NEKTARINEN Die glatte, genauso saftige Alternative zu Pfirsichen.

BASILIKUM Das großartige Sommerkraut gibt Obst einen besonderen Pepp.

ERDBEEREN Sie sind köstlich und voller Antioxidantien und Vitamin C.

Die leuchtenden Farben der Sommerfrüchte sprechen für sich. Wo sich zuvor Tomaten vornehm grün zurückhielten, prahlen sie nun in roter Pracht mit ihrem reichen Aroma. Rote Zwiebeln, die vom zartesten Rosa bis zu ganz dunklem Aubergin-Violett changieren, konkurrieren um unseren Appetit mit grünen Zucchini und sonnengelben Maiskolben. Duftende Honigmelonen und kühlende, saftige Wassermelonen vermählen sich köstlich mit vielen Sommerzutaten wie weißem Feta oder Garnelen und Dill.

Statt sich im Dunkeln aufs Meer zu wagen, begeben sich Fischer nun am hellichten Tag in küstennahe Gewässer, um für uns Körbe voller knackiger Krabben zu heben. Oder sie angeln kleine Sardinen und Seezungen. Auf sie warten wir mit frischen Gewürzen oder Kräutern und einem Glas Weizenbier oder duftendem Riesling – es ist doch Sommer!

Der Geschmack von Baum- und Strauchfrüchten muss jetzt nicht mit Kräutern oder Gewürzen hervorgehoben werden – sie geben freiwillig ihr Bestes in Cremes und Suppen, Soufflees und Torten. Eine Mahlzeit muss nicht mehr pünktlich beginnen, denn der Sommer dehnt die Zeit, und die Zutaten dieser Jahreszeit sind geduldig und frisch. Jetzt zieht uns die Natur in den Garten und flüstert uns zu: »Genießt!«

BOHNEN-SUPPE MIT CRÈME FRAÎCHE UND SALBEI

Diese einfache Suppe aus pürierten Dicken Bohnen, Hühnerfond und Crème fraîche hat den Sommer in sich. Sie schmeckt heiß, warm oder kalt – ideal für einen beschäftigten Partykoch.

FÜR 4 PERSONEN
VORBEREITUNGSZEIT 15 MINUTEN
GARZEIT 30 MINUTEN

3 EL Olivenöl

2 kleine Zwiebeln, geschält und grob gehackt

2 Knoblauchzehen, geschält und grob gehackt

1 l Hühnerfond (Glas)

600 g frische Dicke Bohnen, enthülst (etwa 2 kg mit Hülsen)

10 Salbeiblätter, grob gehackt

200 g Crème fraîche

Salz und schwarzer Pfeffer aus der Mühle

1 Prise Zucker (nach Belieben)

ZUM ANRICHTEN

4 EL Crème fraîche

4 Salbeiblätter oder 2 EL fein geschnittener Schnittlauch

Das Olivenöl in einem großen Topf heiß werden lassen, die Zwiebeln und den Knoblauch hinzufügen und bei schwacher Hitze in etwa 10 Minuten weich dünsten. Mit dem Fond aufgießen, die Hitze erhöhen und alles zum Kochen bringen. Die Bohnen dazugeben, wieder aufkochen und etwa 12 Minuten lebhaft kochen lassen, bis sie schmelzend zart sind.

Den Topf vom Herd nehmen und den gehackten Salbei dazugeben. Die kochend heiße Mischung in der Küchenmaschine oder mit dem Pürierstab pürieren. Die Suppe durch ein Sieb streichen und die Crème fraîche unterrühren. Mit Salz, Pfeffer und (nach Belieben) 1 Prise Zucker abschmecken.

Wenn Sie die Suppe sofort essen, erhitzen Sie sie jetzt nochmal. Andernfalls zudecken, abkühlen lassen und bis zur Verwendung im Kühlschrank aufbewahren. Die heiße oder kalte Suppe auf Suppenteller verteilen, je 1 Löffel Crème fraîche hinzufügen und mit 1 Salbeiblatt oder mit Schnittlauch garnieren.

FÜR 6 PERSONEN
VORBEREITUNGSZEIT 15 MINUTEN
EINWEICHZEIT ÜBER NACHT
GARZEIT 1–2 STUNDEN

300 g getrocknete Dicke Bohnen

2 gehäufte TL Fenchelsamen

1 Zwiebel, geschält und fein gehackt

2 Lorbeerblätter

Salz und schwarzer Pfeffer aus der Mühle

ZUM ANRICHTEN

4 EL bestes Olivenöl

1 kleine rote Zwiebel, geschält und gehackt

2 Knoblauchzehen, geschält und in Scheiben geschnitten

4 Tomaten, gehäutet, entkernt und gewürfelt

2 EL fein zerzupfte Basilikumblätter

1 getrocknete rote Chilischote, zerkrümelt

SAISON hat ...

BASILIKUM

Dieses pikante Kraut kommt in mehreren Arten vor – neben grünem gibt es auch rotes oder nach Zitronen duftendes. Es passt gut zu mediterranem Gemüse, besonders zu Tomaten und Paprikaschoten, zu Pasta, Kartoffeln und würzigem Käse. Gekocht verliert es sein Aroma, verwenden Sie es daher roh oder würzen Sie Gerichte damit erst im letzten Moment.

SIZILIANISCHE BOHNEN-TOMATEN-SUPPE

In Sizilien heißt diese Suppe Maccu. Die zähen Bohnenschalen werden durch das Pürieren der gekochten Suppe mit einem Pürierstab (nicht in der Küchenmaschine) gründlich zerkleinert.

Die Bohnen in eine Schüssel geben, mit kaltem Wasser bedecken und zugedeckt über Nacht einweichen.

Am nächsten Tag das Wasser abgießen und die Bohnen in einen Topf mit schwerem Boden geben. Die Fenchelsamen, die Zwiebel, die Lorbeerblätter und 2 1/4 l Wasser hinzufügen. Mit Pfeffer würzen (Salz erst später dazugeben, sonst brauchen die Bohnen länger). Zum Kochen bringen und 10 Minuten lebhaft kochen, dann bei schwacher Hitze 40–60 Minuten sanft köcheln lassen, bis die Bohnen ganz zart sind.

Den Topf vom Herd nehmen und die Lorbeerblätter entfernen. Großzügig salzen. Nun die Bohnen mit dem Pürierstab cremig pürieren. Abschmecken, falls nötig.

Die Suppe wieder erhitzen. Inzwischen das Öl für die Garnitur in einer mittelgroßen Pfanne heiß werden lassen, die Zwiebel hinzufügen und dünsten, bis sie zart ist und braun zu werden beginnt. Den Knoblauch dazugeben, in der Mischung schwenken, dann die Tomaten, das Basilikum und die Chilischote unterrühren. Nur etwa 30 Sekunden dünsten – die Tomatenwürfel sollen erhitzt werden, aber nicht zerfallen.

Die Suppe in einer Terrine oder gleich in Suppentellern servieren, die Tomaten-Zwiebel-Mischung mit einem Löffel darauf geben und leicht unterrühren.

GAZPACHO

FÜR 6 PERSONEN ALS VORSPEISE
ZUBEREITUNGSZEIT 20 MINUTEN

1 kg reife Tomaten, geschält, entkernt und gewürfelt

1/4 große milde Zwiebel, geschält und gehackt

1/2 Gurke, geschält und gewürfelt

1/2 rote Paprikaschote, von den Samen befreit und gewürfelt

1–2 Scheiben altbackenes Brot, von der Rinde befreit und grob zerzupft

2 EL Olivenöl

2 EL Weißweinessig

1 TL Salz

schwarzer Pfeffer aus der Mühle

1/2 TL Zucker

ZUM ANRICHTEN

Mindestens 3 Zutaten auswählen:

gewürfelter Serrano-Schinken

gehacktes hart gekochtes Ei

Gurke

Tomatenwürfel

Paprikawürfel

gewürfelte milde rote Zwiebeln oder Frühlingszwiebeln

geröstete Mandelsplitter

mit etwas Knoblauch in Olivenöl gebratene Croûtons

Diese raffinierte kalte Suppe war ursprünglich ein spanisches Bauerngericht, in dem altbackenes Brot verwertet wurde – »Gazpacho« bedeutet »eingeweichtes Brot«.

Alle Zutaten für die Gazpacho in der Küchenmaschine glatt pürieren. Abschmecken, falls nötig, noch ein wenig Zucker oder Essig hinzufügen.

Wenn Sie die Gazpacho als Erfrischungsgetränk servieren wollen, stärker verdünnen und gut gekühlt in hohe Gläser mit Eis füllen. Als Vorspeise dick lassen und in Suppentellern servieren, die Garnituren separat dazu reichen. Mindestens 3 verwenden: eine luxuriöse (vielleicht Serrano-Schinken), eine zum Sättigen (Croûtons oder geröstete Mandeln) und eine zum Erfrischen (Gurke, Zwiebel oder Paprika).

FÜR 4 PERSONEN ALS BEILAGE
VORBEREITUNGSZEIT 25 MINUTEN
GARZEIT 40 MINUTEN

4 EL Sonnenblumenöl

250 g rote Zwiebeln, geschält und in feine Ringe geschnitten

2 Knoblauchzehen, geschält und zerdrückt

2 Lorbeerblätter

4 rote Paprikaschoten, von den Samen befreit und in Streifen geschnitten

2 gelbe Paprikaschoten, von den Samen befreit und in Streifen geschnitten

500 g reife Tomaten, gehäutet, entkernt und gewürfelt

Salz und schwarzer Pfeffer aus der Mühle

1 Prise Zucker

PEPERONATA

Dieses traditionelle italienische Schmorgericht aus Zwiebeln und Paprika ist schön vielseitig – als Sauce oder Relish, aber auch auf einer Antipasti-Platte.

Das Öl in einer breiten Pfanne bei mittlerer Hitze heiß werden lassen. Die Zwiebeln, den Knoblauch und die Lorbeerblätter hinzufügen und etwa 5 Minuten unter gelegentlichem Rühren dünsten. Die Paprikastreifen unterrühren und zugedeckt 10 Minuten schmoren lassen.

Die Tomaten hinzufügen und mit Salz, Pfeffer und Zucker gut würzen. Offen unter häufigem Rühren 30 Minuten schmoren, bis die Mischung angedickt ist. Die Lorbeerblätter entfernen und nochmal abschmecken. Die Peperonata kann heiß oder kalt gegessen werden. Sie schmeckt auch köstlich, wenn sie sanft erwärmt und als Beilage zu gegrillten Würsten oder einem Steak serviert wird.

SAISON haben ...

PAPRIKASCHOTEN

Es gibt die unterschiedlichsten Paprikaschoten – von runzligen und spitzen bis zu den vertrauten runden grünen, gelben, orangefarbenen und roten Schoten. Gemüsepaprika können roh in Salaten gegessen, geschmort oder gefüllt und gebacken werden. Ihr süßes Aroma wird durch Grillen oder Braten verstärkt.

FÜR 4 PERSONEN
VORBEREITUNGSZEIT 1 STUNDE
GARZEIT 45 MINUTEN

2 EL Olivenöl

1 Zwiebel, geschält und fein gehackt

Salz und schwarzer Pfeffer aus der Mühle

300 g Zucchini, grob geraspelt

1 Knoblauchzehe, geschält und fein gehackt

350 g frische Erbsen, gepalt (etwa 900 g mit Schoten)

2 EL gehackte glatte Petersilienblätter

2 EL fein geschnittener Schnittlauch

20 g Semmelbrösel

3 Eier

100 g Sahne

50 g fein geriebener Parmesan

1/4 TL Cayennepfeffer

weiche Butter und Backpapier für die Förmchen

ERBSEN-ZUCCHINI-TIMBALEN

Diese kleinen Aufläufe sind mit einem Blattsalat oder mit Tomatensalat eine großzügige Vorspeise. Mit neuen Kartoffeln serviert, sind sie sogar ein sättigendes vegetarisches Hauptgericht.

Das Öl in einer großen, breiten Pfanne bei mittlerer Hitze heiß werden lassen. Die Zwiebel hinzufügen, mit Salz und Pfeffer würzen und 10 Minuten sanft glasig dünsten. Die Zucchini und den Knoblauch dazugeben und unter Rühren 15-20 Minuten dünsten, bis die Zucchini gar sind. Die Flüssigkeit, die die Zucchini abgeben, muss völlig verkochen. Die Erbsen und Kräuter unterrühren, noch 1–2 Minuten dünsten, dann vom Herd nehmen und leicht abkühlen lassen.

Den Backofen auf 180 °C vorheizen. Großzügig 4 ofenfeste Förmchen von 200 ml Fassungsvermögen ausbuttern und den Boden mit Backpapier auslegen. (Dies verhindert, dass die Timbalen am Boden kleben bleiben.) Die Förmchen mit den Semmelbröseln ausstreuen und überschüssige Brösel abschütteln.

Die Eier mit der Sahne leicht verschlagen und den Parmesan unterrühren. Leicht würzen und den Cayennepfeffer hinzufügen. Die Ei-Masse mit der Erbsenmischung verrühren und löffelweise in die Förmchen geben.

Die Förmchen auf ein tiefes Backblech stellen und bis auf halbe Höhe der Förmchen kochendes Wasser aufgießen. In den Backofen schieben und 45 Minuten backen, bis die Timbalen goldbraun und fest sind. Aus dem Ofen nehmen und 10 Minuten ruhen lassen. Den Rand der Timbalen mit der Spitze eines scharfen Messers lösen, die Timbalen herausgleiten lassen und umdrehen, sodass die Oberseite oben ist. Warm servieren. Dazu einen gemischten grünen Salat oder einen frischen Tomatensalat reichen.

SAISON haben ...

ERBSEN
Fast das ganze Jahr sollte man lieber tiefgefrorene Erbsen verwenden. Da sie sofort nach dem Ernten eingefroren werden, bleiben ihr Aroma und ihr Nährwert erhalten. Doch im Hochsommer schmecken Gartenerbsen, frisch aus den Schoten gepalt, unwiderstehlich. Essen Sie sie am selben Tag und garen Sie sie nur kurz. Ganz kleine Erbsen können sogar roh in Salaten gegessen werden.

FÜR 2 PERSONEN
VORBEREITUNGSZEIT 20 MINUTEN, PLUS ABKÜHLZEIT
GARZEIT 5 MINUTEN

150 g Fleisch von Langusten oder Riesengarnelen (oder Crabmeat aus der Dose)

1 Limette

1 rote Paprikaschote, halbiert und von den Samen befreit

4 Frühlingszwiebeln, geputzt

1 EL Mayonnaise

Salz und schwarzer Pfeffer aus der Mühle

1 Prise Cayennepfeffer

100 g Semmelbrösel

Olivenöl zum Braten

FÜR DEN SALAT

1/2 Fenchelknolle, in feine Scheiben geschnitten

50 g gemischte Salatblätter, gewaschen

1/4 TL Dijonsenf

1 kleine Knoblauchzehe, geschält und zerdrückt

2 TL Weißweinessig

2 EL bestes Olivenöl

KRABBENKÜCHLEIN MIT SALAT

Dies ist ein leichtes Hauptgericht oder ein raffinierter erster Gang. Das Krebsfleisch wird mit Frühlingszwiebeln, Paprikaschoten, Limettensaft und Mayonnaise vermischt und wie Reibekuchen gebraten. Serviert werden diese Küchlein heiß auf einem Bett aus Salatblättern mit einem Limettenschnitz.

Aus dem Langusten- oder Garnelenfleisch möglichst viel Flüssigkeit herausdrücken. Dann alle eventuell noch vorhandenen Schalenstücke mit einer Gabel herauspicken. Das Fleisch in eine Schüssel geben.

Die Schale der Limette abreiben, 1 Limettenhälfte auspressen. 1/2 Paprikaschote fein würfeln und 2 Frühlingszwiebeln in feine Scheibchen schneiden. Beides mit der Mayonnaise und der Limettenschale in die Schüssel geben. Gründlich vermischen. Mit Limettensaft, Salz, Pfeffer und Cayennepfeffer abschmecken.

Die Semmelbrösel auf einem Teller ausbreiten. Den Teig in 4 Portionen teilen und vorsichtig zu Küchlein formen. Die Küchlein in den Bröseln wälzen und diese sanft andrücken. Die Küchlein auf einen sauberen Teller geben und zugedeckt in den Kühlschrank stellen.

Für den Salat die restliche Paprika und die Frühlingszwiebeln in feine Streifen schneiden. Zu den Fenchelscheiben und den Salatblättern geben. In einer Salatschüssel den Senf mit dem zerdrückten Knoblauch, dem Essig und dem Olivenöl mit dem Schneebesen verrühren. Abschmecken.

3 EL Olivenöl in einer Pfanne bei mittlerer Hitze heiß werden lassen. Die Küchlein hineinlegen und etwa 2 Minuten braten, behutsam umdrehen und weitere 2 Minuten braten, bis sie goldbraun und leicht knusprig sind.

Die Salatzutaten in der Vinaigrette mischen und auf 2 Teller verteilen. Die heißen Küchlein darauf legen, mit Limettenspalten (von der übrigen Limettenhälfte) garnieren und sofort servieren.

SAISON hat...

KREBSFLEISCH
Original werden Krebsküchlein aus dem Fleisch von Königskrabben zubereitet. Das saftige Fleisch sitzt in den Scheren und ist sehr teuer. Deshalb finden Sie hier preisgünstigere, wohlschmeckende Alternativen. Krebsfleisch aus der Dose (»King Crab Meat«) kommt von den Königskrabben des Pazifiks und Atlantiks.

FÜR 6 PERSONEN
ZUBEREITUNGSZEIT 25 MINUTEN

1/2 EL Limettensaft

1 EL Zitronensaft

3 EL Orangensaft

2 EL bestes Olivenöl

Salz und schwarzer Pfeffer aus der Mühle

4 Herzen Romanasalat

1 großzügige Hand voll Minzeblätter

1 großzügige Hand voll Koriandergrün

1 rote Zwiebel, geschält und in feine Ringe geschnitten

1 Gurke, geschält, halbiert, entkernt und in feine Scheiben geschnitten

200 g Feta, zerbröckelt

6 reife Pfirsiche

SALAT VON PFIRSICHEN, ZWIEBELN UND FETA

Pfirsiche, Minze, Koriandergrün und ein fruchtiges Zitronendressing geben diesem einfachen Salat einen besonderen Pfiff.

Für das Dressing die Zitrussäfte in einer kleinen Schüssel mit dem Olivenöl, Salz und Pfeffer mit dem Schneebesen mischen.

Die Salatblätter aus den Herzen lösen, die zäheren wegwerfen. Die Blätter waschen und behutsam abtrocknen. Die größeren Blätter halbieren und alle Blätter mit der Minze, dem Koriandergrün, den Zwiebelringen und den Gurkenscheiben in eine große Schüssel geben. Den Feta über den Salat geben. Zugedeckt beiseite stellen.

Kurz vor dem Servieren die Pfirsiche waschen, vierteln und entsteinen. Jedes Viertel in feine Scheiben schneiden und zum Salat geben. Das Dressing erneut aufschlagen, über den Salat träufeln und alles gründlich vermischen. Sofort servieren.

FÜR 4 PERSONEN
ZUBEREITUNGSZEIT 30 MINUTEN,
PLUS ABKÜHLZEIT

450 g Sardinen, geputzt und filetiert

1 EL Olivenöl

100 g weiche Butter

1 großzügige Prise Cayennepfeffer

Salz und schwarzer Pfeffer aus der Mühle

Saft von 1 Zitrone

3 EL Crème fraîche

SARDINENPASTE

Cayennepfeffer und Zitronensaft betonen den Geschmack der Sardinen. Mit knusprigem Brot oder Toast wird daraus ein Leckerbissen fürs Picknick.

Eine Grillpfanne bei mittlerer Hitze vorheizen.

Die Sardinen leicht einölen und auf der Fleischseite auf die Pfanne legen. 1–2 Minuten grillen, dann 1 Minute auf der Hautseite grillen. Auf einem Teller abkühlen lassen. Vom lauwarmem Fisch die Haut abziehen und wegwerfen, das Fleisch zerzupfen und dabei nach Gräten suchen.

Inzwischen die Butter mit Cayennepfeffer, Salz und schwarzem Pfeffer cremig aufschlagen. Den Zitronensaft untermischen, anschließend die Crème fraîche. Dann das abgekühlte Fischfleisch einarbeiten oder vorsichtig alles in der Küchenmaschine mischen. Mit Zitrone und Brot servieren.

FÜR 4 PERSONEN ALS VORSPEISE
ZUBEREITUNGSZEIT 20 MINUTEN

1 Galia-Melone

1 Gurke

1 kleines Bund Dill

12 große gegarte, geschälte Garnelen

Salz und schwarzer Pfeffer aus der Mühle

Saft von 1 Limette

GARNELEN-MELONEN-SALAT MIT DILL

Alle Zutaten in diesem leichten Salat schmecken sehr fein und verhalten. Nur die Limette gibt den besonderen Pepp. Verdoppeln Sie einfach die Zutaten dieser Vorspeise, dann wird daraus ein herrliches Sommerhauptgericht.

Die Melone vierteln, die Kerne herauslöffeln und die Schale abschneiden. Die Melone in dünne Spalten schneiden und jede Spalte halbieren.

Die Gurke schälen und längs halbieren. Die Kerne mit einem Teelöffel herauskratzen, dann das Fleisch in dünne Scheiben schneiden. Die Melone und die Gurke in eine Schüssel geben. Den Dill waschen, die Spitzen von den Stängeln zupfen, zur Melone und Gurke geben und alles behutsam miteinander mischen.

Wenn die Garnelen sehr groß sind, der Länge nach halbieren. Falls nötig, den schwarzen Darm am Rücken entfernen. Die Garnelen in die Schüssel mit der Melone und der Gurke geben. Würzen, den Limettensaft hinzufügen und gut mischen. Gekühlt als Vorspeise servieren.

SAISON haben ...

MELONEN

Die duftenden, süßen, saftigen, erfrischenden Melonen sind reich an Kalium, Vitamin C und Ballaststoffen. Unabhängig von ihrer Farbe, Größe und Sorte, von der kleinen Kantalupe- und Charentais- bis zur großen Wassermelone wählt man eine gute Melone folgendermaßen aus: Eine reife Melone wiegt schwer auf der Hand und verströmt einen süßen Duft. Das Stielende gibt bei Druck ein wenig nach. Melonen bei Zimmertemperatur lagern.

FÜR 10 PERSONEN
VORBEREITUNGSZEIT 30 MINUTEN
GARZEIT 1 STUNDE, PLUS ABKÜHLZEIT

100 g Langkornreis

10 große Fleischtomaten, plus 200 g Tomaten für die Sauce

6 EL Olivenöl

1 Zwiebel, geschält und fein gehackt

2 kleine Zucchini, fein gewürfelt

4 Frühlingszwiebeln, geputzt und fein gehackt

1 Bund glatte Petersilie, fein gehackt

1 kleines Bund Dill, fein gehackt

Salz und schwarzer Pfeffer aus der Mühle

GEFÜLLTE TOMATEN

Die betörende Atmosphäre eines Sommerurlaubs in Griechenland wird von gefüllten Tomaten mit Dill, Petersilie, Frühlingszwiebeln, Zucchini und Reis geweckt. Nach diesem Rezept lassen sich auch Auberginen, Paprika und Zucchini zubereiten.

Den Backofen auf 190 °C vorheizen.

Den Reis in ein großes Sieb geben und unter fließendem kaltem Wasser abspülen. Gut ausschütteln und abtropfen lassen.

Von jeder Fleischtomate einen Deckel am Stielende abschneiden und beiseite legen. Die Mittelrippen und Samen entfernen und das Fleisch mit einem Teelöffel herausnehmen. Das Fleisch von 4 Tomaten beiseite stellen. Das restliche Tomatenfleisch fein hacken und mit dem Reis in eine Schüssel geben. Die ausgehöhlten Tomaten mit der Öffnung nach unten auf einen Rost über ein Backblech stellen, um den austretenden Saft aufzufangen.

2 EL Olivenöl in einer Pfanne bei mittlerer Hitze heiß werden lassen. Die Zwiebel darin weich dünsten. Die Hitze erhöhen, die Zucchini dazugeben und 2 Minuten lebhaft schmoren. Die Mischung zum Reis geben. Die Frühlingszwiebeln, die Petersilie und den Dill sowie 1 EL Olivenöl hinzufügen. Abschmecken und gut mischen.

Das Innere der Tomaten mit Salz und Pfeffer würzen, dann mit der Reismischung füllen, bis die Tomaten zu drei Vierteln voll sind. Mit den »Deckeln« verschließen und auf das Backblech stellen.

Die zusätzlichen Tomaten in eine Schüssel geben, mit kochendem Wasser übergießen und 2 Minuten stehen lassen. Aus dem Wasser nehmen und schälen. Die Tomaten in Viertel schneiden und mit dem beiseite gestellten Fleisch der 4 Fleischtomaten pürieren. 100 ml kaltes Wasser sowie Salz und Pfeffer nach Belieben dazugeben. Das Püree auf das Blech mit den gefüllten Tomaten gießen. Das restliche Olivenöl über die Tomaten träufeln. Das Blech in den Backofen (Mitte) stellen und die Tomaten 1 Stunde schmoren, dabei regelmäßig mit der Sauce begießen. Die gefüllten Tomaten lauwarm oder kalt servieren.

FÜR 6 PERSONEN
ZUBEREITUNGSZEIT 30 MINUTEN

300 g gelbe Wachsbohnen, gewaschen, geputzt und halbiert

300 g grüne Bohnen, gewaschen, geputzt und halbiert

2 EL Sherryessig

6 EL Walnussöl

1 Schalotte, geschält und fein gehackt

Salz und schwarzer Pfeffer aus der Mühle

50 g Walnusshälften, grob gehackt

1 Hand voll Petersilie, fein gehackt

SALAT VON GRÜNEN UND GELBEN BOHNEN

Vorzüglich für ein Sommerbüfett oder als Beilage zu kaltem Fleisch. Bekommen Sie keine gelben, nehmen Sie die doppelte Menge grüne Bohnen.

2 Töpfe mit Wasser zum Kochen bringen (nach Belieben gesalzen, aber die Bohnen schmecken ohne Salz süßer). Die gelben Bohnen in den einen, die grünen in den anderen Topf geben und offen lebhaft kochen lassen, bis die Bohnen weich, aber noch bissfest sind – gelbe Bohnen brauchen etwa 5, grüne etwa 7 Minuten.

Die Bohnen abgießen und auf 2 Tellern mit Küchenpapier ausbreiten, auf Zimmertemperatur abkühlen lassen. Inzwischen Essig, Öl und Schalotte in einer großen Schüssel mit dem Schneebesen mischen. Mit Salz und Pfeffer abschmecken. Die Bohnen in die Vinaigrette geben. Die Walnüsse hinzufügen und kurz vor dem Servieren die Petersilie untermischen.

FÜR 4 PERSONEN
ZUBEREITUNGSZEIT 25 MINUTEN

1/2 kleine Wassermelone

200 g Feta

50 g Pinienkerne, geröstet

1 Hand voll Basilikum, gewaschen

1 EL bestes Olivenöl

schwarzer Pfeffer aus der Mühle

SALAT VON FETA UND WASSERMELONE

Die Mischung aus kühler, knackig-saftiger hellrosa Wassermelone und pikantem Feta ergibt ein verblüffend einfaches, köstliches Gericht.

Die Melone in große Spalten schneiden und die Schale entfernen. Die Spalten in 2–3 cm große Stücke schneiden. In eine Schüssel geben und den Feta darüber zerbröckeln. Die Pinienkerne darüber streuen.

Die Basilikumblätter grob zerzupfen und hinzufügen, dann das Olivenöl darüber träufeln. Mit Pfeffer würzen (Salz ist nicht nötig, da Feta ein recht salziger Käse ist). Als Vorspeise oder als Beilage zu Huhn oder Fisch servieren.

FÜR 4 PERSONEN
VORBEREITUNGSZEIT 15 MINUTEN
GARZEIT 4 MINUTEN

1 Hand voll Petersilienblätter, fein gehackt

1 EL Zitronenthymianblätter, fein gehackt

1 TL Estragonblätter, fein gehackt

3 EL Schnittlauch, in feine Röllchen geschnitten

300 g frischer Ziegenkäse am Stück

1 kleine Knoblauchzehe, geschält und gehackt

1 EL Weißweinessig

4 EL Olivenöl

Salz und schwarzer Pfeffer aus der Mühle

200 g frische Dicke Bohnen, enthülst

100 g gemischte Salatblätter, gewaschen

Öl für das Backblech

SOMMERSALAT MIT KRÄUTER-ZIEGENKÄSE

Ein wunderbarer Salat mit gegrilltem, mit Kräutern umhüllten Ziegenkäse, mit Salatblättern und Dicken Bohnen. Der Käse verläuft über dem pikanten Salat und schmeckt herrlich zu den leicht bitteren Bohnen.

Die Kräuter in einer flachen Schüssel mischen.

Den Käse mit einem in heißes Wasser getauchten scharfen Messer in 4 Scheiben schneiden. Die Käsescheiben behutsam in den Kräutern wälzen und damit umhüllen, dann bis zur Verwendung in den Kühlschrank stellen.

In einer Schüssel den Knoblauch, den Essig und 3 EL Olivenöl mit dem Schneebesen verrühren, mit Salz und Pfeffer abschmecken und beiseite stellen.

Die Dicken Bohnen in kochendem Wasser 3–4 Minuten kochen, bis sie weich sind. In ein Sieb abgießen und unter fließendem kaltem Wasser leicht abkühlen lassen. Die Bohnen nach Belieben schälen. Auf Küchenpapier abtrocknen, dann mit den Salatblättern in eine Schüssel geben.

Den Grill vorheizen. Den Käse auf ein eingeöltes Backblech oder auf eingeölte Alufolie geben, mit dem restlichen Olivenöl beträufeln und 3–4 Minuten grillen, bis die Käsescheiben goldbraun sind und zu schmelzen beginnen.

In der Zwischenzeit die Bohnen und Salatblätter mit der Vinaigrette mischen und auf 4 Teller verteilen. Auf die Mitte jeder Portion 1 Käsescheibe legen, sofort mit Brot servieren.

FÜR 6 PERSONEN
GARZEIT 40 MINUTEN
ZUBEREITUNGSZEIT 25 MINUTEN

4 große Artischocken

1 EL Zitronensaft

3 EL Olivenöl

2 junge Knoblauchzehen, geschält und gehackt

1 Bund Frühlingszwiebeln, geputzt und in Stücke geschnitten

250 g junge Dicke Bohnen, enthülst

50 g Butter

2 Minigurken, geschält, von den Samen befreit und in Scheiben geschnitten

3 kleine Kopfsalatherzen, gewaschen und geviertelt

Salz und schwarzer Pfeffer aus der Mühle

1 Prise fein gehacktes Bohnenkraut (nach Belieben)

1 EL Kerbelblätter, fein gehackt

SOMMERLICHES GEMÜSERAGOUT

Eine perfekte Beilage zu gegrilltem Fleisch oder Fisch. Mit vorbereiteten Artischocken ist das Gericht in wenigen Minuten fertig.

Die Artischocken mit dem Zitronensaft in einem Topf mit leicht gesalzenem kochendem Wasser 40 Minuten kochen. Abgießen und abkühlen lassen. Sobald die Artischocken kalt sind, die Blätter abschälen. Mit einem Löffel das faserige »Heu« aus den Böden schaben, die Herzen putzen und vierteln.

Das Öl in einem Topf erhitzen. Knoblauch und Zwiebeln darin 2–3 Minuten sanft dünsten. Die Bohnen, 4 EL Wasser und die Butter dazugeben. Zugedeckt 5 Minuten köcheln lassen. Die Gurken, den Salat und die Artischockenherzen untermischen. Leicht würzen und die Hitze etwas erhöhen. Zugedeckt 3–4 Minuten kochen lassen, bis die Mischung weich ist. Das Bohnenkraut (nach Belieben) und den Kerbel untermischen.

SAISON hat ...

ARTISCHOCKE

Diese grüne Kugel ist eine Distelart. Kleine Exemplare können ganz gegessen werden. Reife Artischocken werden vor allem wegen ihrer zarten Böden oder Herzen geschätzt. Die dicken äußeren Blätter haben am Ansatz etwas »Fleisch«, das man in pikante Saucen dippt. Die Stängel werden blanchiert und in Suppen und Eintöpfen verwendet.

FÜR 4 PERSONEN
VORBEREITUNGSZEIT 10 MINUTEN
GARZEIT 5–7 MINUTEN

- 2 große Zuckermaiskolben
- 4 Frühlingszwiebeln, geputzt und gehackt
- 1 rote Chilischote, gehackt
- 3 EL Mehl
- 1/4 TL Backpulver
- 1 Prise Zucker
- 1 Ei, getrennt
- 3 EL Sahne oder Milch
- 1 Hand voll Petersilienblätter, gehackt
- Salz und schwarzer Pfeffer aus der Mühle
- 3–4 EL Öl

MAISKÜCHLEIN

Im Sommer schmecken saftige Maiskörner direkt vom Kolben am besten. Diese Küchlein sind eine köstliche bunte Vorspeise.

Die Maiskörner von den Kolben schneiden und in eine Schüssel geben. Die Frühlingszwiebeln und die Chilischote hinzufügen. Mit Mehl, Backpulver, Zucker, Eigelb, Sahne oder Milch und Petersilie mischen, mit Salz und Pfeffer abschmecken. Die Mischung gut verrühren. Das Eiweiß steif schlagen, unterheben.

Das Öl in einer großen Pfanne bei mittlerer Hitze heiß werden lassen. Für jedes Küchlein 4 EL Teig ins Öl geben, flachdrücken und auf jeder Seite 2–3 Minuten goldbraun braten. Auf Küchenpapier abtropfen lassen. Pro Person 2 Küchlein servieren. Ausgezeichnet passen dazu eine pikante Sauce, saure Sahne oder Crème fraîche und ein grüner Salat.

ÜBERBACKENE ZUCCHINI MIT TOMATENSAUCE

FÜR 4–6 PERSONEN
VORBEREITUNGSZEIT 1 1/2 STUNDEN
GRATINIERZEIT 25 MINUTEN

3 grüne Zucchini, geputzt und schräg in Scheiben geschnitten

3 gelbe Zucchini, geputzt und schräg in Scheiben geschnitten

Salz und schwarzer Pfeffer aus der Mühle

2 große Eier

ein paar Tropfen Balsamico-Essig (nach Belieben)

2–3 EL Mehl

Olivenöl zum Braten

3 Büffelmozzarella, je etwa 250 g, in Scheiben geschnitten

1 EL Majoranblätter, gehackt

1 EL Basilikumblätter, zerzupft

FÜR DIE TOMATENSAUCE

3 EL Olivenöl

1 Zwiebel, geschält und gehackt

2 Knoblauchzehen, geschält und gehackt

3 Dosen gehackte Tomaten (à 400 g) oder 1 1/2 kg frische Eiertomaten, gehäutet, entkernt und gewürfelt

1 EL Tomatenmark

1–2 Lorbeerblätter

1 Prise Zucker

In diesem leckeren italienischen Gericht werden grüne und gelbe Zucchini mit Mozzarella in einer würzigen Tomatensauce überbacken. Ein Genuss für Augen und Gaumen.

Die Zucchinischeiben nach Farbe getrennt in je ein Sieb geben und leicht mit Salz bestreuen. 30 Minuten stehen lassen. Unter fließendem Wasser abspülen und abtropfen lassen.

In der Zwischenzeit die Tomatensauce zubereiten. Das Öl in einem großen Topf bei mittlerer Hitze heiß werden lassen. Die Zwiebel und den Knoblauch darin weich dünsten, sie sollen aber keine Farbe annehmen. Die Tomaten, das Tomatenmark und die Lorbeerblätter hinzufügen, zum Kochen bringen und dann die Hitze reduzieren. Zugedeckt 30–40 Minuten köcheln lassen. In den letzten 10 Minuten den Deckel abnehmen, sodass die Mischung zu einer dicken Sauce einkocht. Mit Salz, Pfeffer und Zucker abschmecken.

Gleichzeitig die Eier mit 1 EL Wasser und ein paar Tropfen Balsamico-Essig (nach Belieben) verschlagen. In eine flache Schale gießen. Das Mehl auf einen Teller geben und mit Salz und Pfeffer würzen. Olivenöl etwa 1 cm hoch in eine Pfanne geben und bei mittlerer Hitze heiß werden lassen.

Den Backofen auf 180 °C vorheizen.

Die grünen Zucchinischeiben erst im Mehl wälzen, dann ins Ei tauchen und ins heiße Öl geben, immer nur ein paar Stück auf einmal. Etwa 5 Minuten braten, bis sie goldbraun sind, dabei einmal wenden. Aus der Pfanne nehmen und auf Küchenpapier abtropfen lassen. Alle Zucchinischeiben, auch die gelben, so braten.

Den Boden einer großen Auflaufform mit den grünen Zucchinischeiben bedecken. Mit der Hälfte der Tomatensauce und der Hälfte vom Mozzarella bedecken und die Hälfte vom Majoran und Basilikum darüber streuen. Nun mit den gelben Zucchinischeiben eine zweite Schicht bilden und mit der zweiten Hälfte Tomatensauce, Mozzarella und Kräutern bedecken. Mit etwas Öl beträufeln und 20–25 Minuten backen, bis das Ganze herrlich braun ist und brodelt. Sofort servieren, nach Belieben mit einem grünen Blattsalat.

SAISON haben ...

ZUCCHINI

Die zarten grünen oder gelben Zucchini mit dem hellen Fruchtfleisch haben nur wenig mit den riesigen Kürbissen gemein, zu denen sie botanisch gehören. Ihre Schale ist essbar, sie sind rasch gar und schmecken köstlich, ob in Scheiben geschnitten, geraspelt, gebraten, zu Saucen verarbeitet oder roh im Salat.

FÜR 6 PERSONEN
VORBEREITUNGSZEIT 1 STUNDE
GARZEIT 1 1/2 STUNDEN, PLUS ABKÜHLZEIT

2 unbehandelte Zitronen

1 küchenfertiges Hähnchen, etwa 1 1/2 kg

3 Zweige Estragon

1 EL bestes Olivenöl

Salz und schwarzer Pfeffer aus der Mühle

FÜR DEN REISSALAT

300 g Fertigmischung Basmati-Reis mit Wildreis oder nur Basmati-Reis

Salz

1 Bund Schnittlauch, in feine Röllchen geschnitten

1 Hand voll Petersilienblätter, fein gehackt

1/2 TL Estragonblätter, fein gehackt, plus Blätter zum Garnieren

2 EL Weißweinessig

3 EL bestes Olivenöl

150 g Mayonnaise

150 g Weintrauben, halbiert und entkernt

1 Stange Sellerie, geputzt und in Scheiben geschnitten

ZITRONENHUHN MIT REISSALAT

Hähnchenfleisch wird mit Zitronenmayonnaise, Sellerie und Weintrauben zu einem köstlichen Salat gemischt. Dazu gibt es einen pikant aromatisierten Reis.

Das gebratene Huhn und der gegarte Reis dürfen nicht allzu lange bei Zimmertemperatur stehen. Das Huhn kann am Vortag gebraten werden. Der Reissalat sollte kurz vor dem Servieren zubereitet werden.

Den Backofen auf 190 °C vorheizen. 1 Zitrone halbieren und auspressen. Den Saft über das Hähnchen träufeln, dann das Hähnchen mit den Zitronenhälften und den Estragonzweigen füllen. Das Huhn mit Olivenöl einpinseln, mit Salz und Pfeffer großzügig würzen und mit der Brustseite nach unten in einen Bräter legen.

Das Hähnchen im Ofen 1 1/2 Stunden braten, dabei gelegentlich mit Bratensaft begießen und zweimal wenden. Um zu prüfen, ob das Hähnchen gar ist, mit einer Spicknadel zwischen Keule und Brust stechen. Ist der austretende Saft klar, ist es gar. Das Huhn aus dem Ofen nehmen und so rasch wie möglich abkühlen lassen. Den Bratensaft in eine Tasse gießen. Das Hähnchen und den Bratensaft bis zur weiteren Verwendung in den Kühlschrank stellen.

Den Reis mit 3/4 l Wasser und 1 Prise Salz in einen Topf geben. Zum Kochen bringen und zugedeckt 20 Minuten köcheln lassen, bis der Reis das Wasser aufgenommen hat und weich ist. Den Reis auf zwei Teller verteilen. Mit einer Gabel auflockern und abkühlen lassen.

Die Schale der zweiten Zitrone fein abreiben und den Saft auspressen. Die Schale in einer großen Schüssel mit den Kräutern, dem Essig und dem Olivenöl mischen. Abschmecken und den lauwarmen Reis unterheben.

Während der Reis abkühlt, das Huhn weiterverarbeiten. Die Haut abziehen. Das Fleisch von der Karkasse lösen, in Würfel schneiden und mit der Mayonnaise und 2 EL Zitronensaft in eine große Schüssel geben. Das Fett vom Bratensaft entfernen, dann das dunkle Gelee durch ganz sanftes Erhitzen gerade flüssig werden lassen. Mit dem Fleisch mischen. Trauben und Sellerie hinzufügen und abschmecken.

Den Reis auf eine große Servierplatte geben und in der Mitte das Huhn anrichten. Mit frischen Estragonblättern garnieren und servieren.

FÜR 6 TORTELETTEFÖRMCHEN (10 CM DURCHMESSER)
VORBEREITUNGSZEIT 30 MINUTEN, PLUS ABKÜHLZEIT
BACKZEIT 20 MINUTEN

150 g Mehl

1 Prise Salz

75 g kalte Butter, in Würfel geschnitten, plus Butter zum Einfetten

1 großes Eigelb

3 EL Eiswasser

Mehl zum Arbeiten

Backpapier und Trockenerbsen zum Backen

FÜR DIE FÜLLUNG

1 EL Olivenöl

6 Frühlingszwiebeln, geputzt und in feine Ringe geschnitten

1 Knoblauchzehe, geschält und fein gehackt

200 g tiefgekühlte extrafeine Erbsen, aufgetaut

1 Ei

1 Eigelb

150 g Sahne oder saure Sahne

Salz und schwarzer Pfeffer aus der Mühle

50 g geriebener Parmesan

ERBSEN-PARMESAN-TÖRTCHEN

Nach diesem Rezept können Sie auch eine große Torte backen. Nehmen Sie dann eine Backform von 20 cm Durchmesser und backen Sie den Mürbeteig 5 Minuten länger. Geben Sie zur Füllung noch 1 weiteres Ei und zusätzlich 4 EL Sahne.

Zuerst den Mürbeteig zubereiten. Das Mehl und das Salz in eine Schüssel oder die Küchenmaschine sieben. Die Butter hinzufügen und mit den Fingern oder der Küchenmaschine zu feinen Streuseln verarbeiten. Das Eigelb und so viel kaltes Wasser dazugeben, dass der Teig bindet. Zu einer Kugel kneten, in Klarsichtfolie wickeln und im Kühlschrank mindestens 30 Minuten kalt stellen.

Den Backofen auf 180 °C vorheizen und die Formen einfetten.

Auf der leicht bemehlten Arbeitsfläche den Teig ausrollen. Mit einer Kaffeetasse 6 Teigkreise markieren, ausschneiden und die Formen damit auslegen. Auf ein Backblech stellen, die Böden mit einer Gabel einstechen, mit Backpapier belegen und mit getrockneten Erbsen auffüllen. Den Teig in den Formen 15 Minuten blind backen. Aus dem Ofen nehmen und das Papier und die Erbsen entfernen.

Für die Füllung das Öl in einer Pfanne bei mittlerer Hitze heiß werden lassen. Die Zwiebeln darin 2–3 Minuten glasig dünsten, dann den Knoblauch hinzufügen und weitere 1–2 Minuten dünsten, bis die Zwiebeln weich, aber nicht gebräunt sind. Die Pfanne vom Herd nehmen und die Erbsen unterrühren.

Das Ei, das Eigelb und die Sahne oder saure Sahne miteinander verschlagen, würzen. Die Erbsenmischung auf die Formen verteilen, mit dem Parmesan bestreuen und mit der Ei-Sahne-Mischung bedecken. Die Törtchen auf das Backblech stellen, in den Ofen schieben und 20 Minuten backen, bis sie goldbraun und gerade erstarrt sind. Warm servieren.

FARFALLE MIT SOMMERGEMÜSE

Sie können Aroma und Konsistenz dieses Gerichts verändern, indem Sie andere Gemüse nehmen. Oder verwenden Sie andere Pasta wie Conchiglie oder Fusilli.

FÜR 4–6 PERSONEN
VORBEREITUNGSZEIT 15 MINUTEN
GARZEIT 25 MINUTEN

300 g Pasta, z. B. Farfalle

250 g grüner Spargel

2 EL bestes Olivenöl

2 junge Knoblauchzehen, geschält und fein gewürfelt

4 Stangen Sellerie (aus dem Herzen), fein gewürfelt

1 Bund Frühlingszwiebeln, geputzt und in grobe Ringe geschnitten

200 g Erbsen, enthülst

200 g Dicke Bohnen, enthülst

Brühe (nach Belieben)

1 EL Liebstöckelblätter, grob gehackt, oder 1 Prise frischer Zitronenthymian

Salz und schwarzer Pfeffer aus der Mühle

Die Spargelstangen putzen und das untere Drittel jeder Stange schälen. Den Spargel in Scheiben schneiden, die etwa die gleiche Größe wie die Bohnen haben, aber die Spitzen ganz lassen.

Inzwischen die Pasta nach Packungsangabe kochen. Abgießen und in den Topf zurückgeben.

Das Olivenöl in einer Pfanne bei schwacher Hitze heiß werden lassen. Den Knoblauch und den Sellerie dazugeben und 3 Minuten pfannenrühren. Die Frühlingszwiebeln, die Spargelscheiben und -spitzen, die Erbsen und die Dicken Bohnen hinzufügen. Weitere 3 Minuten braten, dann 1–2 EL Wasser oder Brühe angießen. 5 Minuten köcheln lassen, dann den Liebstöckel oder Thymian hinzufügen und mit Salz und Pfeffer abschmecken. Über die Pasta geben und alles gut mischen. In einer großen, vorgewärmten Schüssel anrichten und servieren.

SAISON haben ...

DICKE BOHNEN

Kleine grüne Dicke Bohnen schmecken im Sommer großartig. Pulen Sie sie aus ihren dicken Schoten und kochen Sie sie 3–5 Minuten in Wasser. Abtropfen und leicht abkühlen lassen, häuten. Junge Dicke Bohnen sind fantastisch mit Salbei und Crème fraîche über heißer Pasta. Oder zu einem Kartoffelsalat oder leicht zerdrückt mit Rukola. Größere Bohnen lassen sich mit Knoblauch und Brühe zu einem köstlichen Püree verarbeiten.

FÜR 2 PERSONEN
VORBEREITUNGSZEIT 5 MINUTEN
GARZEIT 25–30 MINUTEN

300 g Blattspinat, gewaschen und verlesen

15 g Butter, in Würfel geschnitten

1 Prise frisch geriebene Muskatnuss

2 Filetsteaks vom Rind, je etwa 170 g

100 g Blauschimmelkäse, zerbröckelt

FÜR DAS ZWIEBELMUS

1 EL Olivenöl

15 g Butter

2 rote Zwiebeln, geschält und in feine Ringe geschnitten

1 TL Zucker

1 TL Balsamico-Essig

Salz und schwarzer Pfeffer aus der Mühle

STEAKS VOM GRILL MIT ZWIEBELMUS

Dieses schnelle elegante Gericht schmeckt perfekt mit dem Spinat. Da es ziemlich herzhaft ist, lassen Sie den Käse weg, wenn Sie den Fettgehalt reduzieren wollen.

Zunächst das Zwiebelmus zubereiten. Das Öl und die Butter in einer Pfanne bei mittlerer Hitze heiß werden lassen und die roten Zwiebeln hineingeben. 10–15 Minuten sanft dünsten, dabei gelegentlich umrühren, bis die Zwiebeln ganz weich sind und zu karamellisieren beginnen. Den Zucker und den Balsamico-Essig hinzufügen und mit Salz und Pfeffer abschmecken. Weitere 10 Minuten unter gelegentlichem Rühren dünsten. Vom Herd nehmen und beiseite stellen.

Den Spinat mit 3 EL Wasser in einen großen Topf geben und zugedeckt bei mittlerer Hitze 6–8 Minuten dünsten, bis der Spinat zusammenfällt. Die Flüssigkeit gut abgießen. Die Butter unterrühren und mit Muskatnuss, Salz und Pfeffer würzen.

Eine Grillpfanne bei starker Hitze vorheizen, mit 1 EL Olivenöl einpinseln und die Steaks darauf legen. 4–5 Minuten auf jeder Seite grillen, je nachdem, wie weit die Steaks durchgebraten sein sollen. Sie können die Steaks auch unter dem heißen Grill braten, dabei einmal wenden. Danach nach Belieben etwas salzen und pfeffern.

Den Spinat auf 2 Teller verteilen, darauf die Steaks und das warme Zwiebelmus anrichten, mit dem Käse bestreuen und servieren.

HÜHNERSPIESSE MIT KNOBLAUCHSAUCE

FÜR 8 PERSONEN, ALS TEIL EINER VORSPEISENPLATTE
VORBEREITUNGSZEIT 25 MINUTEN
MARINIERZEIT MIND. 1 STUNDE
GARZEIT 10 MINUTEN

Diese aromatischen Hühnerstücke und die Toum-Sauce basieren auf traditionellen libanesischen Gerichten. Toum ist eine sehr kräftige Knoblauchpaste mit Eigelb.

FÜR DIE HÜHNERSPIESSE

600 g Hühnerbrust ohne Haut, in große Würfel geschnitten

Zitronenspalten zum Anrichten

FÜR DIE MARINADE

1 TL doppelt konzentriertes Tomatenmark

2 Knoblauchzehen, geschält und grob gehackt

1/2 Zwiebel, geschält und grob gehackt

2 EL Olivenöl

2 EL Zitronensaft

1/2 TL Salz

1 große Prise weißer Pfeffer aus der Mühle

FÜR DIE TOUM (KNOBLAUCHMAYONNAISE)

3 Knoblauchzehen, geschält

1 TL Salz

1 Eigelb

150 ml Erdnussöl

1 TL Zitronensaft

Alle Zutaten für die Marinade im Blitzhacker zu einer dicken Paste verarbeiten. In eine große Schüssel geben und die Hühnerwürfel hinzufügen. Das Huhn gut mit der Marinade umhüllen und zugedeckt mindestens 1 Stunde oder über Nacht im Kühlschrank marinieren lassen.

Für die Toum den Knoblauch mit dem Salz im Mörser zu einer dicken Paste verarbeiten. In eine große Schüssel geben und das Eigelb hinzufügen. Die Mischung mit dem Schneebesen schlagen – noch schneller geht's mit dem Handrührgerät –, bis sie hell und leicht schaumig ist.

Unter ständigem Schlagen nach und nach das Öl hineinträufeln, bis es völlig aufgenommen und eine dicke Sauce entstanden ist. (Wenn zu viel Öl auf einmal hinzugefügt wird, trennt sich die Sauce und wird sehr flüssig. Falls dies passiert, 1 frisches Eigelb aufschlagen und langsam die getrennte Mischung unterheben.)

Den Zitronensaft und so viel Wasser (etwa 2 EL) unterrühren, dass die Sauce etwas dünner wird. Sie sollte noch so dick sein, dass ein Klacks auf einem Teller nicht auseinander fließt. Nachsalzen, falls nötig.

Den Grill auf der höchsten Stufe vorheizen oder einen Holzkohlengrill anzünden. Die Hühnerwürfel aus der Marinade nehmen und auf Spieße stecken. (Holzspieße sollten 1 Stunde vorher in Wasser einweichen.) Die Spieße unter den Grill oder auf den Holzkohlengrill legen und auf jeder Seite 4–5 Minuten grillen, bis das Huhn gar ist.

Die Hühnerspieße auf einer Platte mit den Zitronenspalten anrichten und heiß oder warm mit einem Salat servieren. Die Toum separat anrichten.

FÜR 4 PERSONEN
ZUBEREITUNGSZEIT 30 MINUTEN, PLUS ABKÜHLZEIT

4 Hühnerbrüste mit wenig Knochen

1 Stängel Zitronengras (oder 1 Stück Zitronenschale)

1 Scheibe Ingwer, geschält

1 TL Salz

FÜR DAS DRESSING

1 EL thailändische Fischsauce (Asienladen)

Saft von 1 Zitrone

1–2 rote Vogelaugenchilischoten oder andere sehr scharfe Chilischoten, von den Samen befreit und in feine Streifen geschnitten

2 TL Zucker

1 Scheibe Ingwer, geschält und fein gehackt

ZUM ANRICHTEN

2 Hand voll Thai- oder Zitronenbasilikumblätter

2 EL Olivenöl

1/2 Gurke, geschält und in streichholzgroße Stücke geschnitten

3–4 Frühlingszwiebeln, geputzt und in feine Streifen geschnitten

2 kleine knackige Salatblätter, in Streifen gerissen

THAI-GEFLÜGELSALAT MIT GURKE

Chili und Ingwer peppen Geflügel exotisch auf.

Hühnerbrüste, Zitronengras, Ingwer und Salz in einem Topf mit Wasser bedecken. Zum Kochen bringen, zugedeckt 10 Minuten köcheln, dann abkühlen lassen. Die Zutaten für das Dressing vermischen.

Hühnerbrüste aus der Brühe nehmen und Haut und Knochen entfernen. Fleisch in Stücke schneiden, beiseite stellen, Haut und Knochen in die Brühe geben. 20 Minuten offen kochen lassen, bis die Brühe stark reduziert ist. Etwas abkühlen lassen, durch ein Sieb gießen, mit dem Dressing verschlagen.

12 Basilikumblätter beiseite legen. Das Olivenöl erhitzen, das restliche Basilikum 2 Minuten frittieren, bis es noch grün, aber schon knusprig ist. Das Fleisch mit Gurke, Zwiebeln und Dressing mischen. Die 12 Basilikumblätter unterheben. Salatstreifen in 4 Suppentellern anrichten, den Geflügelsalat darauf geben und mit dem frittierten Basilikum bestreuen.

SEEZUNGE ORIENTALISCH

FÜR 4 PERSONEN
VORBEREITUNGSZEIT 20 MINUTEN
GARZEIT 8–10 MINUTEN

- 4 Seezungenfilets, ohne Haut
- 1 TL Salz
- 150 g Shiitake-Pilze
- 1–2 EL Sojasauce
- 1 TL brauner Zucker
- 1 TL Speisestärke
- 2 EL Reiswein oder Sake
- 1 EL Weinbrand
- 100 ml Hühnerfond (Glas) oder Wasser
- 60 ml Sonnenblumenöl
- 1 EL frischer Ingwer, gerieben
- 1 Knoblauchzehe, geschält und gehackt
- 6 Frühlingszwiebeln, geputzt und in lange Stücke geschnitten
- 2 TL Sesamöl

Der Fisch wird vor dem Braten gesalzen, das macht sein Fleisch fester. Dann wird er in einer aromatischen Ingwer-Wein-Sauce gegart.

Den Fisch in kurze Streifen schneiden und mit dem Salz mischen, 20 Minuten stehen lassen, dann trockentupfen. Inzwischen die Pilze putzen, die Stiele wegwerfen und die Pilze in Streifen schneiden. Sojasauce, Zucker, Speisestärke, Reiswein, Weinbrand und Fond oder Wasser in einer Schüssel mischen.

Das Öl in einer beschichteten Pfanne oder im Wok erhitzen, bis es raucht. Die Hälfte der Fischstreifen darin ein paar Sekunden pfannenrühren. Auf Küchenpapier abtropfen lassen. Den restlichen Fisch ebenso braten. Das Öl bis auf 2 EL abgießen, wieder erhitzen. Den Ingwer anbraten, dann Knoblauch, Zwiebeln und Pilze hinzufügen und 1–2 Minuten pfannenrühren. Die Sojasaucenmischung einrühren, aufkochen lassen und den Fisch dazugeben. In das heiße Gericht das Sesamöl rühren. Mit Reis servieren.

FÜR 4 PERSONEN
ZUBEREITUNGSZEIT 50 MINUTEN

500 g kleine neue Kartoffeln

500 g grüne Bohnen, geputzt

4 Eier

1 1/2 TL Dijonsenf

1 Knoblauchzehe, geschält und fein gehackt

3 EL Weißweinessig

150 ml bestes Olivenöl

Salz und schwarzer Pfeffer aus der Mühle

4 Thunfischsteaks, je etwa 150 g

8 Sardellenfilets, in Streifen geschnitten

1 Hand voll Basilikumblätter, zerzupft

1 rote Zwiebel, geschält und in feine Ringe geschnitten

250 g Kirschtomaten, halbiert

12 schwarze Oliven

4 Romanasalatherzen, geputzt

SALADE NIÇOISE

Nur die besten und frischesten Zutaten ergeben einen guten Salade Niçoise. Für die Zubereitung gibt es keine festen Regeln, auch wenn Traditionalisten kein gekochtes Gemüse darin zulassen. Daher könnten Kartoffeln durch Gurke und grüne Bohnen durch rohe Artischockenherzen ersetzt werden.

Die Kartoffeln in einen Topf geben, mit kaltem Wasser bedecken und zugedeckt zum Kochen bringen. In etwa 15 Minuten weich kochen und abgießen. Die Bohnen in einen Topf mit kochendem Wasser geben und etwa 8 Minuten kochen, bis sie ganz zart sind. Abgießen und auf einem Teller zum Abkühlen ausbreiten. Die Eier in kaltem Wasser zum Kochen bringen. Die Hitze reduzieren, die Eier 8 Minuten köcheln lassen, herausnehmen und unter fließendem kaltem Wasser abschrecken.

Für die Vinaigrette Senf, Knoblauch, Essig und Olivenöl (bis auf 1 EL) mit dem Schneebesen verschlagen. Mit Salz und Pfeffer würzen. Die lauwarmen Bohnen mit einem Drittel der Vinaigrette mischen. Die Kartoffeln schälen. In 1/2 cm dicke Scheiben schneiden und mit einem weiteren Drittel der Vinaigrette mischen.

Inzwischen eine Grillpfanne bei mittlerer Hitze vorheizen. Die Thunfischsteaks mit dem restlichen Olivenöl einpinseln und mit Salz und Pfeffer würzen. Auf die heiße Grillpfanne legen und etwa 3 Minuten auf jeder Seite grillen. (Die Zeit hängt von der Dicke der Steaks ab.) Aus der Pfanne nehmen, solange sie im Inneren noch leicht rosa sind, da sie nachgaren. Abkühlen lassen, dann mit einer Gabel zerrupfen. Mit dem Bratensatz aus der Grillpfanne in eine große Schüssel geben.

Die Sardellenfilets, Basilikumblätter, Zwiebeln, Tomaten und Oliven zum Thunfisch geben. Die Salatherzen hinzufügen (große Blätter zerzupfen.) Die Eier schälen, vierteln und mit den Bohnen, den Kartoffeln und dem restlichen Dressing zum Salat geben. Alle Zutaten behutsam miteinander mischen und servieren.

ERDBEERKALTSCHALE MIT FRISCHKÄSE

FÜR 6 PERSONEN
ZUBEREITUNGSZEIT 30 MINUTEN
KÜHLZEIT MINDESTENS 2 STUNDEN

1 1/2 kg reife Erdbeeren

120 g Zucker, plus 2 EL für den Käse

200 ml trockener Champagner oder Sekt

1 Prise Salz

170 g Frischkäse

ZUM ANRICHTEN

kleine Minzeblätter

schwarzer Pfeffer aus der Mühle

Erdbeermark mit Zucker und Champagner oder Sekt mischen – das ist die Basis für ein erfrischendes Sommergericht. Ein wenig gesüßter Frischkäse und ein Hauch schwarzer Pfeffer verwandeln es in ein unwiderstehliches Dessert.

Die Erdbeeren waschen und von Stielen und Blättern befreien. Mit dem Zucker pürieren. Das Püree durch ein Sieb in eine Schüssel streichen. Die im Sieb verbliebenen Kerne wegwerfen. Den Champagner oder Sekt unterrühren und mit 1 Prise Salz würzen. Zugedeckt im Kühlschrank mindestens 2 Stunden kalt stellen.

Den Frischkäse mit den zusätzlichen 2 EL Zucker vermischen und zugedeckt kalt stellen.

Vom Erdbeermark den hellen Schaum abschöpfen, bevor Sie das Püree auf 6 Suppenschalen oder große Tassen verteilen. Je 1 Klacks gesüßten Frischkäse darauf setzen. Mit kleinen Minzeblättern garnieren und mit 1 Prise Pfeffer aus der Mühle abrunden. Sofort servieren.

SAISONS haben ...

ERDBEEREN

Erdbeeren kann man zwar schon im Frühling kaufen, doch warten Sie lieber bis zum Frühsommer, wenn diese köstlichen Beeren Saison haben und ihr süßes Aroma voll entfalten. Erdbeeren sollten Sie nie kalt servieren, sondern immer bei Zimmertemperatur. Einfach in Stücke schneiden und mit Schlagsahne anrichten oder in fruchtigen Likör einlegen und zu Vanilleeis reichen.

FÜR 6 PERSONEN
ZUBEREITUNGSZEIT 1 STUNDE, PLUS ABKÜHLZEIT
GEFRIERZEIT 3 STUNDEN

500 g Aprikosen, gewaschen, halbiert und entsteint

2 EL Zitronensaft

120 g Zucker

3 EL Kirschwasser

10 Orangenkekse oder Amaretti

300 g Sahne

APRIKOSEN-MANDEL-EIS

Zarte Aprikosen, aromatisches Kirschwasser und knusprige Kekse sind die Zutaten für dieses klassische Eis.

Aprikosen, Zitronensaft und Zucker köcheln lassen, bis sie ganz weich sind. Leicht abkühlen lassen, dann pürieren. Das Püree durch ein Sieb streichen. Das Kirschwasser hinzufügen. Abkühlen lassen und zugedeckt in den Kühlschrank stellen.

Die Kekse in einer Plastiktüte grob zerdrücken. Die Sahne steif schlagen, dann behutsam die Kekse und das Aprikosenpüree unterheben. In einen flachen Gefrierbehälter mit Deckel geben und ins Gefrierfach stellen. Etwa 3 Stunden gefrieren lassen. War das Eis länger als 24 Stunden im Gefrierfach, stellen Sie es etwa 30 Minuten vor dem Servieren in den Kühlschrank, damit es weicher wird.

SAISON haben ...

APRIKOSEN
Frische, reife Aprikosen – die besten kommen aus Südfrankreich – gehören zu den schönsten Köstlichkeiten des Sommers. Die süßen, saftigen Früchte schmecken aus der Hand hervorragend, sind aber genauso gut, wenn man sie kocht, püriert und dann zu Eis oder Sorbet verarbeitet oder für eine Creme unter Schlagsahne hebt.

FÜR 6 TORTELETTEFÖRMCHEN (10 CM DURCHMESSER)
ZUBEREITUNGSZEIT 45 MINUTEN, PLUS RUHE- UND ABKÜHLZEIT

150 g Mehl

1 Prise Salz

75 g kalte Butter, in Würfel geschnitten, plus Butter zum Einfetten

1 großes Eigelb

2–3 EL Eiswasser

FÜR DIE FÜLLUNG

125 g weiße Schokolade, in kleine Stücke zerbrochen

250 g Mascarpone

1 EL Cointreau (nach Belieben)

150 g Sahne

200 g gemischte rote Beeren

6 Zweige Basilikum, zur Verzierung

BEERENTÖRTCHEN MIT WEISSER SCHOKOLADE

Die sahnige Mischung von Mascarpone und weißer Schokolade ist nicht zu süß und betont das Aroma der Beeren.

Den Teig wie für die Erbsen-Parmesan-Törtchen zubereiten (siehe Seite 90). 30 Minuten kalt stellen. Den Backofen auf 180 °C vorheizen. Die Formen leicht einfetten, den Teig hineinlegen, 10 Minuten blind backen. Das Papier und die Erbsen entfernen und den Teig in weiteren 5 Minuten goldbraun backen. Abkühlen lassen und aus den Formen nehmen.

Für die Füllung Schokolade und Mascarpone in eine Schüssel geben und über einen Topf mit köchelndem Wasser setzen, bis die Schokolade geschmolzen ist. Den Cointreau (nach Belieben) unterrühren und die Mischung leicht abkühlen lassen. Die Sahne steif schlagen und unter die abgekühlte Schokoladencreme heben. Auf die Törtchenböden gießen und bei Zimmertemperatur 1 Stunde stehen lassen. Mit den Beeren belegen, mit dem Basilikum garnieren und servieren.

FÜR 24 STÜCK
VORBEREITUNGSZEIT 50 MINUTEN, PLUS ABKÜHLZEIT
BACKZEIT PRO BLECH 15 MINUTEN

120 g Mehl

1 Prise Salz

120 g Butter, in Würfel geschnitten, plus Butter zum Einfetten

4 kleine Eier, verquirlt

FÜR DIE FÜLLUNG

120 g Rote Johannisbeeren

300 g Himbeeren

2–3 EL Puderzucker (nach Geschmack)

2 EL Grand Marnier (nach Belieben)

300 g Sahne

FÜR DEN KARAMELL

120 Zucker

WINDBEUTEL MIT BEERENSAHNE

Windbeutel werden mit Beeren und mit aromatisierter Schlagsahne gefüllt und dann mit Karamell beträufelt.

Den Backofen auf 200 °C vorheizen. 2 Backbleche einfetten. Das Mehl mit dem Salz in eine Schüssel sieben. 300 ml Wasser in einem kleinen Topf mit der Butter zum Kochen bringen. Sobald die Butter schmilzt, den Topf vom Herd nehmen und das Mehl dazugeben. Den Topf wieder auf den Herd stellen und die Mischung bei schwacher Hitze 3–4 Minuten mit einem Holzlöffel kräftig schlagen, bis sie glatt ist und sich vom Topfboden löst. Vom Herd nehmen und noch 1–2 Minuten schlagen, dann einzeln die Eier in den Teig einarbeiten. Rühren, bis der Teig glatt und glänzend, aber noch so steif ist, dass er seine Form hält.

24 walnussgroße Teigkleckse mit genügend Abstand auf die Bleche setzen. 15 Minuten backen, bis sie trocken und knusprig sind, dann rasch mit einem Spieß durchbohren und für 5 Minuten bei offener Tür in den abgeschalteten Ofen schieben. So kann aller Dampf entweichen. Die Windbeutel auf ein Kuchengitter geben und erkalten lassen.

Inzwischen die Johannisbeeren waschen und auf Küchenpapier trocknen lassen. Von den Rispen streifen und mit den Himbeeren in eine Schüssel geben. Die Sahne mit dem Zucker und Grand Marnier (nach Belieben) steif schlagen, dann die Früchte unterheben und bis zur Verwendung kühl stellen.

Kurz vor dem Servieren die kalten Windbeutel seitlich aufschlitzen und mit der Beeren-Sahne füllen. Auf das mit Backpapier belegte Kuchengitter stellen.

Für den Karamell den Zucker und 4 EL Wasser in einen kleinen Topf mit schwerem Boden geben. Den Zucker bei schwacher Hitze auflösen, dann die Hitze erhöhen und den Sirup ohne Rühren kochen, bis er goldfarben ist. Der Karamell dunkelt nach – daher rechtzeitig vom Herd nehmen. Mit einem Löffel behutsam ein wenig Karamell über jeden Windbeutel träufeln, aber nicht über die Sahne, da diese sonst schmilzt. Den Karamell abkühlen und aushärten lassen, dann die Windbeutel servieren.

FÜR 6 PERSONEN
ZUBEREITUNGSZEIT 1 STUNDE, PLUS ABKÜHLZEIT
GEFRIERZEIT 3 STUNDEN

500 g Pflaumen, halbiert und entsteint

200 g Zucker

6 EL Kirschwasser

300 g Sahne

4 Eigelb

FÜR DIE PFIRSICHE

150 g Zucker

1 Limette

1 Stängel Zitronengras, zerdrückt

6 Pfirsiche, halbiert und entsteint

POCHIERTE PFIRSICHE MIT PFLAUMENEIS

Das perfekte Dessert für ein sommerliches Abendessen, vielleicht im Garten. Pfirsiche werden in einem Sirup mit Zitrusaroma pochiert und mit Sahneeis serviert.

Die Pflaumen, 100 g Zucker und 3 EL Kirschwasser in einen emaillierten Topf geben. Bei schwacher Hitze zugedeckt 5 Minuten köcheln lassen, bis die Pflaumen beginnen viel Saft abzugeben. Die Hitze erhöhen und weitere 20 Minuten köcheln lassen, bis die Pflaumen ganz weich sind. Die Pflaumen mit dem Saft pürieren.

Für das Eis zuerst einige Eiswürfel in eine große Schüssel geben, ein Sieb auf eine kleinere Schüssel legen und beides auf das Eis in der großen Schüssel stellen. So kann die Sahnesauce für das Eis rasch abkühlen.

Die Sahne zum Kochen bringen und vom Herd nehmen. Die Eigelbe mit dem restlichen Zucker in einer Schüssel mit dem Schneebesen verschlagen, bis die Mischung dick und hell ist, dann langsam mit der warmen Sahne mischen. Wieder in den Topf geben und bei schwacher Hitze heiß werden lassen. 15–20 Minuten ständig mit einem Holzlöffel rühren, bis die Sahnesauce so weit andickt, dass sie den Löffelrücken überzieht. Nicht kochen lassen. Die Sauce durch das Sieb in die Schüssel auf dem Eis streichen. So lange umrühren, bis sie lauwarm ist, dann das Pflaumenpüree und das restliche Kirschwasser untermischen. Zugedeckt kühl stellen.

Die kalte Sauce in der Eismaschine verarbeiten, bis sie die gewünschte Konsistenz hat. Wenn Sie keine Eismaschine haben, die Sauce in einen flachen Plastikbehälter gießen und zugedeckt gefrieren lassen. Alle 40 Minuten mit einer Gabel durchrühren, bis das Eis cremig fest ist.

Für die Pfirsiche den Zucker, 300 ml Wasser, 4 Streifen Limettenschale und das Zitronengras in einen großen Topf geben. Sanft erhitzen, bis sich der Zucker aufgelöst hat. Die Pfirsichhälften im Sirup 5–10 Minuten sanft pochieren, bis sie gerade weich sind, dann vom Herd nehmen und abkühlen lassen.

Die Pfirsiche in etwas Sirup mit Kugeln vom Pflaumeneis servieren und mit der restlichen abgeriebenen Limettenschale sowie ein paar Splittern Zitronengras bestreuen.

SAISON haben ...

PFIRSICHE

Ein perfekter Pfirsich ist etwas Köstliches – aber viele Früchte werden unreif verkauft. Drücken Sie sie also vor dem Kauf sanft und nehmen Sie nur die, die leicht nachgeben und duften. Servieren Sie dünne Scheiben in Obstsalat mit roten Sommerbeeren und einem leichten Sirup, mit frischer Minze oder Basilikum. Von unreifen Pfirsichen braten Sie die Hälften mit Butter, braunem Zucker und gehackten Nüssen.

FÜR 5 FÖRMCHEN À 120 ML FASSUNGSVERMÖGEN
ZUBEREITUNGSZEIT 50 MINUTEN
KÜHLZEIT 2 STUNDEN

600 g Sahne

150 ml Milch

abgeriebene Schale von 2 unbehandelten Orangen

3 Blatt Gelatine

140 g Zucker

2 TL Orangenblütenwasser

3 EL Dessertwein, z. B. Vin Santo

Sonnenblumenöl zum Einfetten

FÜR DEN ERDBEER-HIMBEER-SALAT

3 EL Dessertwein, z. B. Vin Santo

1 TL Orangenblütenwasser

3 EL Zucker

150 g Erdbeeren, geputzt und in Viertel geschnitten

250 g Himbeeren

PANNA COTTA MIT ERDBEEREN UND HIMBEEREN

Dieser glatte Sahnepudding ist köstlich aromatisiert mit Orangenschale, Dessertwein und etwas Orangenblütenwasser. Mit einem Erdbeer-Himbeer-Salat serviert ist er ein wahres Sommerdessert.

Die Sahne und die Milch in einen Topf mit schwerem Boden geben und die abgeriebene Schale von 1 Orange hinzufügen. Zum Kochen bringen, die Hitze reduzieren und etwa 15 Minuten köcheln lassen, bis die Flüssigkeit auf etwa 600 ml reduziert ist.

In der Zwischenzeit die Gelatineblätter in einer Schüssel mit kaltem Wasser 5 Minuten einweichen. Das Wasser abgießen und überschüssiges Wasser aus der Gelatine ausdrücken. Die Gelatine in eine große Schüssel geben.

Die Sahne-Milch-Mischung durch ein Sieb auf die Gelatine gießen und rühren, bis sich die Gelatine aufgelöst hat. Den Zucker unterrühren, und, wenn er sich aufgelöst hat, das Orangenblütenwasser und den Dessertwein untermischen.

Die Förmchen einfetten. Die Sahnemischung gleichmäßig darauf verteilen und 2 Stunden kalt stellen.

Alle Zutaten für den Erdbeer-Himbeer-Salat in einer Schüssel mischen. Zugedeckt bis zur Verwendung beiseite stellen.

Zum Servieren die Panna Cotta behutsam mit einer Messerspitze von den Seiten der Förmchen lösen, dann auf Dessertteller stürzen, dabei auf den Boden der Förmchen klopfen, sodass die Panna Cotta herausgleitet. Jede Panna Cotta mit der restlichen Orangenschale bestreuen und mit ein paar Löffeln Erdbeer-Himbeer-Salat anrichten.

HERBST

Die Farben des Herbstes – Gold und Nussbraun, Pflaume und Schokolade – stecken in seinen Früchten. Nach einer langen Reifezeit haben sie ein intensives Aroma und sind Grundlage von herzerwärmenden Gerichten.

BIRNEN Köstlich in gewürztem Wein pochiert oder mit Gewürzen gebacken.

FENCHEL Er passt mit seinem Anisaroma herrlich zu Fisch.

KORIANDERGRÜN Das vielseitige Kraut rundet herbstliche Currys ab.

HERBST

ZUTATEN DER SAISON

Goldene Tage und dunkle Nächte, purpurne Sonnenuntergänge und nebelweiße Morgendämmerungen – im Herbst vereinen sich Gegensätze auf unvergleichliche Weise. Diese Jahreszeit macht durch Reife wett, was ihr an Jugend fehlt.

Der Lohn des Sommers ist umso kostbarer, je näher der Winter kommt. Äpfel sind zum Kochen am besten, wenn ihre Haut ein wenig verschrumpelt ist, Walnüsse am köstlichsten, wenn ihre Frische einen bitteren Hauch in sich trägt, und überreife Trauben liefern den süßesten Wein.

In der Küche regiert die Reife. Zwischen dem strotzenden Sommer und dem kargen Winter wartet der Herbst mit üppigen Freuden auf: Kastanien in bronzefarbenen Schalen und sattgelbe Kürbisse, Pilze in den Wäldern, Schlehen in der Hecke, Brombeeren unter Dornen, Äpfel, unter deren Last sich die Zweige biegen. Die Aromen des Herbstes verwandeln sich mithilfe von Messer und Backofen in Milde und Zartheit.

Es ist Jagdsaison. Muskulöses, mageres Wildfleisch ergibt markante Gerichte: Rehfleisch gewinnt ein vollendetes Aroma, wenn Wein es mürbe und dunkel macht. Fasan schmeckt noch einmal so gut mit dem köstlichen Parfüm der Quitte. Das intensive Aroma der Ente wird von Orangen und Cointreau verstärkt. Gemüse sind robust und aromatisch. Möhren, Pasti-

CRANBERRIES Ihr Aroma harmoniert, wie das von Preiselbeeren, mit Wild.

LAUCH Dieses milde und elegante Gemüse verfeinert jeden Eintopf.

PASTINAKEN Sie sind eines der süßesten Wurzelgemüse des Herbstes.

naken und Rüben schmecken lecker, wenn sie langsam mit Gewürzen und Safran gedünstet werden. Rot- und Weißkohl lässt sich mit Speck und Käse braten oder in Streifen schneiden für einen Wintersalat – süß mit Äpfeln oder pikant mit Preiselbeeren. Köstlich ist auch der weichfleischige Kürbis, zu einer samtigen Suppe püriert oder als Füllung für selbstgemachte Ravioli mit Salbei, ebenso wie der mildzarte Lauch, fein geschnitten und mit Jakobsmuscheln vermischt.

Fisch liefert der Herbst noch in reicher Fülle: Wolfsbarsch zum Grillen, Filets jeder Art für frittierte Leckerbissen sowie für Suppen. Hülsenfrüchte – Bohnen, Linsen, Kichererbsen – lassen sich zu herrlichen Eintöpfen und Bauernsuppen kombinieren. Essen Sie Kartoffeln aus der Glut eines Erntefeuers mit Scheiben von einer ländlichen Fleischterrine. Suchen Sie im Wald Pilze und servieren Sie sie mit gegrillter Polenta oder dünsten Sie sie in einer Sahnesauce als aromatische Füllung für Pfannkuchen.

Auch Desserts können eine Jahreszeit widerspiegeln. Entlocken Sie Feigen durch Karamellisieren ihre Süße oder servieren Sie ein Birnenkompott mit Mandelcreme. Genießen Sie knusprige Apfeltörtchen, eine Brombeer-Apfel-Charlotte oder einen üppig butterigen Kürbiskuchen.

Reife ist alles. Machen Sie das Beste daraus, solange sie währt.

FÜR 4 PERSONEN
VORBEREITUNGSZEIT 30 MINUTEN
GARZEIT 1 3/4 STUNDEN

3 EL Olivenöl

75 g Pancetta (oder durchwachsener Speck), in Würfel geschnitten

1 Zwiebel, geschält und in feine Würfel geschnitten

1 Knoblauchzehe, geschält und in feine Würfel geschnitten

2 große Möhren, geschält und in Würfel geschnitten

2 Stangen Sellerie, in feine Würfel geschnitten

1 kleine Fenchelknolle, in Würfel geschnitten

500 g Tomaten

1 Dose Kichererbsen (400 g), abgegossen

1 1/2 l Hühnerfond (Glas)

1 Bouquet garni, aus 1 Zweig Rosmarin, 1 Zweig Thymian, 1 Stängel Petersilie, 1 Lorbeerblatt und 1 Stück Parmesanrinde

250 g Grünkohl oder Blattspinat, gewaschen und in feine Streifen geschnitten

Salz und schwarzer Pfeffer aus der Mühle

geriebener Parmesan zum Anrichten

ITALIENISCHE KICHERERBSENSUPPE

Im Original wird diese traditionelle Suppe mit Cavolo Nero (schwarzem Kohl), einem dunklen Grünkohl, zubereitet. Sollten Sie ihn einmal bekommen, greifen Sie zu.

Das Öl in einem großen Topf bei schwacher Hitze heiß werden lassen. Die Pancetta (oder den Speck) darin braten, bis sie etwas Farbe angenommen hat und das Fett großenteils ausgebraten ist. Die Zwiebel, den Knoblauch, die Möhren, den Sellerie und den Fenchel hinzufügen. Weitere 10–15 Minuten garen lassen, bis das Gemüse weich und goldbraun ist.

Die Tomaten einritzen, kurz mit kochendem Wasser übergießen und schälen. Die Tomaten grob hacken und unter das Gemüse im Topf mischen. Weiterkochen, bis die Tomaten um die Hälfte eingekocht sind, dann die Kichererbsen, den Hühnerfond und das Bouquet garni hinzufügen. 1 1/2 Stunden sanft köcheln lassen.

Etwa 5 Minuten vor dem Servieren das Bouquet garni entfernen und den Spinat oder Grünkohl unterrühren. Abschmecken und weiter köcheln lassen, bis die Gemüsestreifen die gewünschte Konsistenz haben. In vorgewärmten Suppenschalen servieren und den Parmesan separat dazu reichen.

SCHWEDISCHE KÜRBISSUPPE

Diese Suppe ist schlicht, frisch und gesund, wie man es vielleicht von einer Suppe aus Schweden erwartet. Am besten eignet sich dafür ein Muskat- oder ein Hokkaido-Kürbis, der nicht geschält werden muss, da seine Schale verkocht.

FÜR 4 PERSONEN
VORBEREITUNGSZEIT 15 MINUTEN
GARZEIT 25–35 MINUTEN

1 kleiner Kürbis, etwa 1 kg

1 kleine Zimtstange

3–4 Gewürznelken

2 EL Weißweinessig

50 g Butter

Salz und schwarzer Pfeffer aus der Mühle

Zucker

ZUM ANRICHTEN

saure Sahne

Schnittlauch, in Röllchen geschnitten

frittierte zündholzgroße Kürbisstäbchen

Wenn Sie die Suppe im ausgehöhlten Kürbis servieren wollen, schneiden Sie am Stielende einen Deckel ab und kratzen Sie die Kerne und die faserige Mitte heraus. Das Fleisch mit einem scharfen Löffel oder einem Kugelausstecher herausholen. Sonst den Kürbis in Viertel schneiden, die Schale und die Kerne entfernen und das Fleisch in Würfel schneiden.

Das Kürbisfleisch in einem Topf mit schwerem Boden mit 1/2 l Wasser, der Zimtstange und den Nelken (in ein Stück Kürbisschale stecken, um sie später leichter zu entfernen) auf den Herd setzen. Zum Kochen bringen, die Hitze reduzieren und den Kürbis 20–30 Minuten zugedeckt sanft köcheln lassen, bis das Fleisch weich ist.

Die Zimtstange und die Nelken entfernen. Das Kürbisfleisch mit dem Sud zu einem glatten Püree verarbeiten. Das Püree wieder in den Topf geben. Wenn es zu dick ist, mit etwas Wasser verdünnen, dann den Essig unterrühren. Den Topf auf den Herd stellen und die Suppe heiß werden lassen. Die Butter mit dem Schneebesen darin verschlagen und mit Salz, Pfeffer und etwas Zucker abschmecken.

Falls Sie die ausgehöhlte Schale als Terrine oder kleinere Kürbisschalen als Suppenschüsseln verwenden, diese nun mit kochendem Wasser füllen, um das Innere zu erwärmen. Nicht im Ofen erhitzen, sonst fallen die Schalen zusammen. Die Schalen dann mit Suppe füllen und servieren. Jede Portion mit 1 großzügigen Klacks saure Sahne und Schnittlauchröllchen oder einigen frittierten Kürbisstäbchen garnieren.

SAISON hat ...

KÜRBIS

Kürbisse stammen aus der Neuen Welt, wo sie »askutasquash« hießen – »Rebenäpfel«. Sie werden für Pastafüllungen, Suppen und als Gemüsebeilage verwendet, aber auch zu Marmelade und Desserts verarbeitet. Ihr Fleisch ist faserreich und hat einen hohen Vitamin- und Mineraliengehalt – es enthält genauso viel Beta-Carotin (Antioxidantien) wie Möhren.

FÜR 4–6 PERSONEN
VORBEREITUNGSZEIT 15 MINUTEN
GARZEIT 20 MINUTEN

1 EL Olivenöl

100 g magerer Speck, in Würfel geschnitten

das Weiße von 1 große Lauchstange, in feine Ringe geschnitten

1 l Fischfond (Glas)

1 große Prise Safran (etwa 20 Fäden), in 1 EL kochend heißem Wasser eingeweicht

1–2 Lorbeerblätter

6 Pimentkörner

2 große Kartoffeln, geschält, halbiert und in dicke Scheiben geschnitten

500 g Miesmuscheln, geschrubbt und entbartet

1 Dose Maiskörner (350 g), abgegossen, oder 250 g frische Maiskörner

250 g gegarte Garnelen

150 g Sahne

Salz und schwarzer Pfeffer aus der Mühle

1 EL gehackte Petersilienblätter zum Garnieren

MEERESFRÜCHTE-EINTOPF MIT SAFRAN

Safran und Meeresfrüchte passen perfekt zusammen, wie die mediterranen Fischsuppen – und dieser typische »Chowder« aus New England – beweisen.

Das Öl in einem großen Topf erhitzen und Speck und Lauch darin 10 Minuten sanft andünsten, ohne dass sie braun werden. Den Fond aufgießen, Lorbeerblätter, Pimentkörner und Safran mit dem Einweichwasser hinzufügen und zum Kochen bringen. Die Kartoffeln dazugeben und 10–15 Minuten köcheln lassen, bis sie weich sind, aber nicht zerfallen.

Die Muscheln (nur die geschlossenen) und die Maiskörner in den Eintopf geben und weitere 3 Minuten köcheln lassen, bis sich die Muscheln öffnen. Alle noch geschlossenen Muscheln wegwerfen. Die Garnelen hinzufügen, die Sahne unterrühren und den Topf vom Herd nehmen. Abschmecken. In tiefen Suppenschalen servieren und mit Petersilie garnieren.

FÜR 4 PERSONEN
VORBEREITUNGSZEIT 10 MINUTEN
GARZEIT 10 MINUTEN

1 1/2 kg Miesmuscheln, geschrubbt und entbartet

1 kleiner Zweig Zitronenthymian, die Blätter abgezupft

50 g frischer Ingwer, fein gehackt

2 Stängel Zitronengras, zerdrückt und gehackt

abgeriebene Schale und Saft von 1 unbehandelten Zitrone

abgeriebene Schale und Saft von 1 Limette

5 Knoblauchzehen, geschält und in dünne Scheiben geschnitten

Salz und schwarzer Pfeffer aus der Mühle

200 ml Kokosmilch

1 Eiweiß, verquirlt

DUFTENDE MUSCHELN IM PÄCKCHEN

Statt Zitronenthymian können Sie auch Zitronenmelisse verwenden. Zum Einpacken der Muscheln benötigen Sie 4 Blatt Backpapier von je 1 Meter Länge.

Den Backofen auf 230 °C vorheizen. Alle offenen Muscheln wegwerfen. Zitronenthymian, Ingwer, Zitronengras, Schale und Saft von Zitrone und Limette sowie Knoblauch in eine große Schüssel geben. Die Muscheln hinzufügen, mit Salz und Pfeffer würzen und gut mischen.

Je ein Viertel der Muscheln auf je 1 Stück Backpapier löffeln und je ein Viertel der Kokosmilch darüber träufeln. Die Papierränder mit Eiweiß einpinseln, das Papier über den Muscheln zu einem Päckchen falten, die Ränder verschließen. Die Päckchen auf ein Blech setzen und mit etwas Wasser beträufeln. Im Ofen etwa 10 Minuten garen. Wenn das Papier braun ist, sollten die Muscheln fertig sein. In den Päckchen servieren.

FÜR 6 PERSONEN
ZUBEREITUNGSZEIT 20 MINUTEN
MARINIERZEIT 1–2 STUNDEN

3 Zweige frischer Estragon

2 EL Estragonessig

90 ml Walnussöl

1 Hand voll Petersilienblätter, grob gehackt

Salz und schwarzer Pfeffer aus der Mühle

1 kleiner Rotkohl (etwa 750 g)

2 süße Dessertäpfel, etwa Cox Orange

80 g eingemachte Preiselbeeren

50 g Walnusshälften, grob gehackt

ROTKOHLSALAT MIT ÄPFELN & PREISELBEEREN

Eine moderne Variante des traditionellen Rotkohlsalats – mit dem intensiven Geschmack von Preiselbeeren, mit Apfelscheiben, Walnusshälften, Estragon und Petersilie.

Den Salat 1 bis 2 Stunden vor dem Servieren zubereiten, damit der Kohl ziehen, die Aromen aufnehmen und auch ein wenig weicher werden kann. Die Estragonblätter abstreifen und hacken. Den Estragonessig, das Walnussöl und die Kräuter mit Salz und Pfeffer in einer großen Schüssel mit dem Schneebesen mischen.

Den Kohl vierteln. Verdorbene oder zähe äußere Blätter wegwerfen und den weißen Kern herausschneiden, dann den Kohl in feine Streifen schneiden. Die Vinaigrette gründlich untermischen, sodass die Kohlstreifen gut davon überzogen sind.

Die Äpfel waschen, vierteln, entkernen und in feine Scheiben schneiden. Gründlich mit dem Salat vermischen, damit sie nicht braun werden. Die Preiselbeeren und die Walnüsse hinzufügen und den Salat abschmecken.

SAISON haben ...

PREISELBEEREN
Wegen ihres hohen Säuregehalts sind Preiselbeeren roh nicht genießbar. Wenn man sie jedoch mit Zucker zu Kompott, Marmelade oder Gelee verarbeitet, entfalten sie ihren vollen Geschmack. Sie sind eine ausgezeichnete Zutat zu pikanten Saucen, etwa zu Wild oder Truthahn, und schmecken großartig mit Rotkohl. Neu auf dem Markt sind die etwas größeren Cranberries aus Nordamerika.

FÜR 4 PERSONEN
VORBEREITUNGSZEIT 20 MINUTEN
GARZEIT 45–70 MINUTEN, PLUS ABKÜHLZEIT

1 küchenfertiger Fasan

3 EL Zitronensaft

120 ml Olivenöl

Salz und schwarzer Pfeffer aus der Mühle

5 EL Mayonnaise

2 TL körniger Dijonsenf

2 kleine Bund Schnittlauch, in Röllchen geschnitten

400 g Chicorée, geputzt

2 reife Birnen

FASANENSALAT MIT SENFDRESSING

Kaltes Fasanenfleisch wird mit einer köstlich scharfen Senf-Schnittlauch-Mayonnaise gemischt. Auf einem Birnen-Chicorée-Salat serviert ergibt das ein erfrischendes Gericht.

Den Backofen auf 220 °C vorheizen.

Den Fasan wiegen und innen wie außen mit einem feuchten Tuch abwischen. Mit 1 EL Zitronensaft und 2 EL Olivenöl einreiben. (Wenn Sie einen mit Speck umwickelten Vogel gekauft haben, verreiben Sie den Zitronensaft und das Öl auf dem Speck.) Leicht würzen. In einen Bräter legen.

Den Bräter auf einen Rost auf der mittleren Schiene des Backofens stellen und den Fasan 10 Minuten braten, dann die Hitze auf 200 °C reduzieren. Mit dem Bratensaft begießen und weiterbraten: 25 Minuten pro 500 g, plus 10 Minuten zusätzlich. Um zu prüfen, ob der Fasan gar ist, das Fleisch am dicksten Teil der Keule mit einem Spieß einstechen. Tritt klarer Saft aus, ist der Vogel gar. Aus dem Ofen nehmen und ganz abkühlen lassen.

Vom Fasan alles Fleisch ablösen, die Haut, die Sehnen und das Fett wegwerfen. Das Fleisch in 2–3 cm große Stücke schneiden. In eine Schüssel geben und mit der Mayonnaise, 1 TL Senf und der Hälfte des Schnittlauchs mischen. Beiseite stellen.

Den restlichen Senf, den restlichen Zitronensaft und das Olivenöl in einer kleinen Schüssel mit dem Schneebesen mischen. Würzen und beiseite stellen.

Die Chicoréeblätter ablösen und mit dem restlichen Schnittlauch in eine Schüssel geben. Die Birnen waschen, vierteln, entkernen und in Scheiben schneiden. Mit dem Senfdressing zum Chicorée geben. Abschmecken. Den Salat auf 4 Teller verteilen, das Fasanenfleisch mit der Senfmayonnaise darauf anrichten und servieren.

FÜR 4 PERSONEN
ZUBEREITUNGSZEIT 25 MINUTEN
KOCHZEIT 5 MINUTEN

LAUCHSALAT MIT JAKOBSMUSCHELN

Lauch mit Jakobsmuscheln und pfeffriger Brunnenkresse – eine aromatische Vorspeise.

12 dünne Lauchstangen, geputzt, gewaschen und in Streifen geschnitten

1 EL fein gehackte Schalotten

2 EL Weißweinessig

6 EL Olivenöl

Salz und schwarzer Pfeffer aus der Mühle

12 ausgelöste Jakobsmuscheln

1 EL Sonnenblumenöl

2 Bund Brunnenkresse, geputzt

100 g gemischte Scheibchen von Wurzelgemüse, in heißem Öl kurz frittiert (nach Belieben)

Den Lauch in kochendem Wasser 3–5 Minuten blanchieren. Kalt abbrausen und abkühlen lassen. Trockentupfen und in eine Schüssel geben. Schalotten, Essig und Öl mit dem Schneebesen mischen und abschmecken. Den Lauch mit der Hälfte der Vinaigrette mischen und auf 4 Teller verteilen.

Die Jakobsmuscheln abspülen, trockentupfen und in dicke Scheiben schneiden.

Eine Grillpfanne vorheizen. Die Muscheln mit Öl überziehen, würzen und etwa 30 Sekunden pro Seite grillen. Behutsam mit der Brunnenkresse, den Gemüsechips (nach Belieben) und der restlichen Vinaigrette mischen. Auf dem Lauch anrichten und sofort servieren.

SAISON hat ...

LAUCH

Lauch ist ein Zwiebelgemüse, aber milder als Zwiebeln und Schalotten. Er wird für Eintöpfe und Suppen, Saucen und Gratins verwendet. Nehmen Sie feste Lauchstangen mit frischem Grün, entfernen Sie die Wurzeln und die zähen Blätter und waschen Sie die Stangen vor dem Kochen gründlich. Dazu schlitzt man sie am besten längs auf.

FÜR 10–12 PERSONEN
VORBEREITUNGSZEIT 20 MINUTEN
MARINIERZEIT 2 STUNDEN
GARZEIT 1 1/2 STUNDEN

250 g frische Hühnerleber

2 EL Portwein

1 Prise getrockneter Thymian

1 Lorbeerblatt, zerkrümelt

4 Scheiben Weißbrot, entrindet

150 ml Milch

300 g durchwachsener Speck in Streifen, davon 50 g in feine Würfel geschnitten

30 g Butter

300 g Hühnerbrust, gehäutet und in Würfel geschnitten

170 g Wurstbrät

200 g mageres Schweinefleisch, gehackt

4 Scheiben Schinken, fein gehackt

1 Knoblauchzehe, geschält und fein gehackt

Salz und schwarzer Pfeffer aus der Mühle

1 TL gemahlene Muskatblüte

2–3 TL Grand Marnier

LÄNDLICHE TERRINE

Die Terrine in der Form auskühlen lassen, mit Backpapier bedeckt und einem Gewicht beschwert. In Folie 2–3 Tage im Kühlschrank durchziehen lassen.

Die Leber mit Portwein, Thymian und Lorbeerblatt 2 Stunden marinieren. Das Brot in der Milch einweichen und ausdrücken. Den Backofen auf 140 °C vorheizen. Eine Terrinenform (1 l Inhalt) mit den Speckstreifen so auslegen, dass sie außen etwas überhängen. Die abgetropfte Leber rasch in der Butter anbraten. Ein Viertel fein hacken, mit allen restlichen Zutaten vermischen.

Die Hälfte der Masse in die Form geben und die ganze Hühnerleber längs hineindrücken. Mit der restlichen Masse bedecken. Glattstreichen und die überhängenden Speckstreifen einschlagen. Fest mit Alufolie verschließen. Die Form auf ein tiefes Backblech stellen. Kochendes Wasser 2 cm hoch dazugießen. Die Terrine 1 1/2 Stunden im Ofen garen. Dann die Terrine kalt stellen.

FENCHELGRATIN MIT CHICORÉE-SALAT

Gegrillter Fenchel gibt diesem leichten Gratin ein rauchiges Aroma. Ein Salat aus pfeffriger Brunnenkresse, Birne und Chicorée ist die perfekte Beilage.

FÜR 4 PERSONEN
VORBEREITUNGSZEIT 20 MINUTEN
GARZEIT 15 MINUTEN

4 Fenchelknollen

1 rote Zwiebel, geschält und in feine Streifen geschnitten

2 EL bestes Olivenöl

Salz und schwarzer Pfeffer aus der Mühle

6 EL frisch geriebener Parmesan

170 g Taleggio, gut gekühlt

FÜR DEN SALAT

2 Bund Brunnenkresse

2 Stauden Chicorée, in Streifen geschnitten

50 g Haselnusskerne, grob gehackt

2 reife Birnen

1 EL Weißweinessig

75 ml Walnussöl

Den Backofen auf 200 °C vorheizen. Eine Grillpfanne bei mittlerer Hitze vorheizen.

Die Enden der Fenchelknollen abschneiden, die Knollen längs halbieren, das Wurzelende keilförmig herausschneiden und alle zähen äußeren Schichten entfernen. Die Hälften von oben bis zur Wurzel in feine Scheiben schneiden und in eine große Schüssel geben. Mit der Zwiebel und dem Olivenöl mischen und würzen.

Etwa ein Drittel der Fenchel-Zwiebel-Mischung in die heiße Grillpfanne geben und auf beiden Seiten 3–4 Minuten dünsten, bis das Gemüse gerade goldbraun, aber noch knackig ist. In eine Auflaufform geben und mit 2 EL Parmesan bestreuen. Die restliche Fenchel-Zwiebel-Mischung in zwei Portionen grillen und mit dem Parmesan in die Form schichten.

Die Rinde vom Taleggio entfernen und den Käse in dünne Scheiben schneiden. Auf dem Fenchel verteilen. In den Ofen schieben und 15 Minuten gratinieren, bis der Auflauf brodelt und goldbraun ist.

In der Zwischenzeit den Salat zubereiten. Die Brunnenkresse mit den Chicoréestreifen und den Haselnüssen in eine Salatschüssel geben. Die Birnen waschen, vierteln, entkernen, in Scheiben schneiden und behutsam unter den Salat mischen. Schließlich mit dem Schneebesen den Essig und das Walnussöl verschlagen. Mit Salz und Pfeffer würzen und unter den Salat heben. Sofort mit dem Gratin servieren.

SAISON hat ...

FENCHEL

Die frische weiße Fenchelknolle hat ein zartes Anisaroma. Lassen Sie waffeldünne Scheiben Fenchel 1–2 Stunden in Zitronensaft, fruchtigem Olivenöl und mit etwas Salz ziehen. Mit dem zarten Fenchelgrün garnieren und zu Fisch servieren. Oder bereiten Sie eine herzhafte Beilage zu, indem Sie geviertelte Knollen blanchieren, großzügig mit Butter und geriebenem Käse bestreuen und goldbraun gratinieren.

FÜR 4 PERSONEN
VORBEREITUNGSZEIT 15 MINUTEN
GARZEIT 1 STUNDE

4 rote Paprikaschoten, längs halbiert und von den Samen befreit

7 EL bestes Olivenöl

2 große Zwiebeln, geschält und in feine Streifen geschnitten

120 g große grüne Linsen

1 Lorbeerblatt

120 g Basmati-Reis

Salz und schwarzer Pfeffer aus der Mühle

3 EL fein gehackte Petersilienblätter

abgeriebene Schale von 2 unbehandelten Zitronen

PAPRIKA MIT LINSEN-REIS-FÜLLUNG

Knusprig karamellisierte Zwiebeln auf roten Paprikaschoten, die mit einer duftenden Linsen-Reis-Mischung gefüllt sind: ein köstlicher Hauptgang, nicht nur für Vegetarier.

Den Backofen auf 180 °C vorheizen. Die Paprikahälften in 2 EL Olivenöl schwenken, bis sie gut davon überzogen sind. Mit der Hautseite nach unten auf ein Backblech legen, mit Alufolie abdecken und im Ofen 1 Stunde garen.

In der Zwischenzeit die Zwiebelstreifen sanft in 3 EL Olivenöl weich und glasig dünsten. Beiseite stellen.

Die Linsen abspülen und mit dem Lorbeerblatt und 1/2 l Wasser in einen Topf geben. Zugedeckt zum Kochen bringen, dann offen 15 Minuten köcheln lassen. Ein Drittel der gedünsteten Zwiebeln und den Reis hinzufügen. Mit Salz und Pfeffer würzen und zugedeckt weitere 15–20 Minuten köcheln lassen, bis der Reis und die Linsen weich sind. Die Flüssigkeit sollte ganz aufgenommen worden sein.

Während der Reis köchelt, das restliche Olivenöl zu den Zwiebeln in der Pfanne geben und diese bei mittlerer Hitze weiterdünsten. Regelmäßig umrühren, bis die Zwiebeln karamellisiert, knusprig und goldbraun sind.

Die Paprikahälften, die Linsen und der Reis sollten nun fertig sein. Die Zwiebeln in ein Sieb über den Reis geben und das Öl abtropfen lassen. Mischen und abschmecken. Die Paprikahälften anrichten, mit der Linsen-Reis-Mischung füllen und die karamellisierten Zwiebeln darüber geben. Die Petersilie mit der Zitronenschale mischen und über die Schoten streuen. Warm oder bei Zimmertemperatur servieren, falls Sie mögen, mit Joghurt.

FÜR 6 PERSONEN ALS VORSPEISE
VORBEREITUNGSZEIT 30 MINUTEN
GARZEIT 15 MINUTEN

5 EL Olivenöl

3/4 l Milch

1 Prise geriebene Muskatnuss

170 g Instantpolenta

125 g geriebener Gruyère

Salz und schwarzer Pfeffer aus der Mühle

4 Schalotten, geschält und in feine Würfel geschnitten

1 Knoblauchzehe, geschält und in feine Würfel geschnitten

150 g Shiitake-Pilze, von den Stielen befreit und in Stücke gezupft

250 g Egerlinge, geputzt und in Scheiben geschnitten

150 g Austernpilze, geputzt und in Stücke gezupft

200 ml trockener Weißwein

5 EL gehackte Kräutermischung (Petersilie, Schnittlauch und Thymian)

50 g Butter

GEGRILLTE POLENTA MIT PILZEN

Ein Schuss Weißwein in der Sauce passt gut zur Käse-Polenta und der aromatischen Pilzmischung.

Eine Auflaufform mit 1 EL Öl einfetten. Die Milch mit der Muskatnuss erwärmen. Kurz bevor sie kocht, die Polenta hinzufügen und rühren, bis sie dick wird. Bei schwacher Hitze 4–5 Minuten unter Rühren quellen lassen. Vom Herd nehmen, zwei Drittel vom Gruyère unterrühren und mit Salz und Pfeffer würzen. Polenta in die Form geben und mit dem restlichen Käse bestreuen.

Das restliche Öl in einer breiten Pfanne schwach erhitzen. Schalotten und Knoblauch darin glasig dünsten. Shiitake-Pilze und Egerlinge hinzufügen, nach 1 Minute die Austernpilze. Weich garen, Wein und Kräuter dazugeben und abschmecken. Den Wein um die Hälfte einkochen lassen, dann die Butter einrühren. Den Grill auf mittlerer Stufe vorheizen und die Polenta goldbraun grillen. In Scheiben schneiden, die Pilze darauf anrichten und sofort servieren.

CRÊPES MIT PILZEN

FÜR 6 PERSONEN
VORBEREITUNGSZEIT 50 MINUTEN
GARZEIT 15 MINUTEN

50 g Butter, plus Butter zum Einfetten und Braten

2 Schalotten, geschält und in Würfel geschnitten

2–3 TL Rosmarinnadeln, gehackt

1 Knoblauchzehe, geschält und fein gehackt

400 g Austernpilze, geputzt und in Streifen geschnitten

100 g gemischte Wildpilze, geputzt und evtl. zerkleinert

250 g Büffelmozzarella, in Würfel geschnitten

100 g frisch geriebener Parmesan, plus Parmesan zum Bestreuen

250 g Ricotta

2 EL Petersilienblätter, gehackt

Salz und schwarzer Pfeffer aus der Mühle

FÜR DIE CRÊPES

100 g Mehl oder 80 g Mehl und 20 g Hartweizengrieß

150 ml Milch

2 große Eier

50 g Butter, zerlassen

Ein elegantes italienisches Gericht: eine nach Kräutern und Knoblauch duftende Pilz-Käse-Füllung in luftigen Crêpes, mit Parmesan überbacken.

Die Butter in einer Pfanne zerlassen und Schalotten, Rosmarin, Knoblauch und Pilze unter Rühren in 15 Minuten weich dünsten. Käse und Petersilie mischen. Die Pilze unterheben und würzen. Den Backofen auf 180 °C vorheizen.

Ein Backblech mit Butter einfetten. Mehl und Milch verrühren. Die Eier und 1 Prise Salz hinzufügen und mit dem Schneebesen verschlagen. Eine Pfanne mit Butter einpinseln und erhitzen. 1 Schöpflöffel Teig hineingeben und schwenken. Bei mittlerer Hitze auf jeder Seite 1–2 Minuten backen. Insgesamt 6 dünne Crêpes zubereiten. In die Mitte jedes Crêpe jeweils 1 Löffel Pilzmischung geben. Die Crêpes zu Päckchen zusammenfalten, aufs Blech legen, mit Butter bepinseln und mit Parmesan bestreuen. Im Ofen 10–15 Minuten überbacken.

SAISON haben ...

PILZE

Es gibt drei Gruppen von Pilzen: Zuchtpilze, Wildpilze und asiatische Pilze. Sie müssen nicht geschält, sondern nur mit einem feuchten Tuch abgewischt, eventuell geputzt werden. Pilze sollten möglichst bald nach dem Kauf verzehrt werden.

SAFRANGEMÜSE À LA VALENCIA

Dieses traditionelle Bauern-Essen wird im Sommer mit Bohnen, Erbsen und Artischocken zubereitet, schmeckt aber auch köstlich mit Wurzelgemüse, dem das Safran-Aroma eine besondere Note verleiht.

FÜR 4–6 PERSONEN
VORBEREITUNGSZEIT 30 MINUTEN
GARZEIT 45–60 MINUTEN

1 große Prise Safran (etwa 20 Fäden)

2 EL Olivenöl

1 Zwiebel, geschält und in feine Ringe geschnitten

1 große Knoblauchzehe, geschält und in feine Scheiben geschnitten

1 Dose gehackte Tomaten (400 g)

150 ml Weißwein

500 g fest kochende Kartoffeln, geschält und in Würfel geschnitten

500 g Möhren, geschält und in Würfel geschnitten

500 g Pastinaken, geschält und in Würfel geschnitten

500 g Steckrüben, geschält und in Würfel geschnitten

1 kleines Stück Zimstange

1 Lorbeerblatt

Salz und schwarzer Pfeffer aus der Mühle

1 Dose Kichererbsen (400 g)

FÜR DIE AROMAMISCHUNG

1 EL Olivenöl

50 g geschälte Mandeln, grob gehackt

1 Knoblauchzehe, geschält und fein gehackt

1 EL gehackte Petersilienblätter

1 EL Semmelbrösel

Den Safran in 3 EL kochendem Wasser 10 Minuten einweichen, dann im Wasser mit einem Löffel fest ausdrücken.

Das Öl in einer großen Pfanne bei mittlerer Hitze heiß werden lassen und die Zwiebeln und den Knoblauch hinzufügen. Unter Rühren 10-15 Minuten sanft dünsten, bis sie weich und goldfarben, aber nicht braun sind. Die Tomaten unterrühren und köcheln lassen. Den Wein dazugießen und ein paar Minuten lebhaft kochen lassen, damit der Alkohol verdunstet. Das Gemüse und den Safran mit dem Einweichwasser hinzufügen.

Die Pfanne mit genügend Wasser aufgießen, damit das Gemüse gerade bedeckt ist. Zum Kochen bringen, die Zimtstange und das Lorbeerblatt dazugeben und würzen. Alles 25–30 Minuten zugedeckt köcheln lassen, bis das Gemüse weich ist.

In der Zwischenzeit die Aromamischung zubereiten. Das Öl in einer Pfanne bei mittlerer Hitze heiß werden lassen. Die Mandeln darin unter Wenden behutsam goldfarben rösten. Den Knoblauch und die Petersilie unterrühren. 1 Minute braten, dann die Semmelbrösel dazugeben und 1 weitere Minute rösten, sodass sie das Öl aufnehmen und etwas braun werden.

Sobald das Gemüse weich ist, die Kichererbsen hinzufügen und die Aromamischung unterrühren. Zum Kochen bringen und offen etwa 10 Minuten köcheln lassen, bis die Flüssigkeit bis auf eine kleine Menge Sauce reduziert ist. Das Gemüse warm servieren – so entfaltet sich das köstliche Aroma des Safrans am besten. Wie die Spanier mit Couscous anrichten.

SAISON haben ...

RÜBEN

Wurzelgemüse sind zwar das ganze Jahr über erhältlich, aber viele sind im Winter am besten, wenn der Frost ihr Aroma verstärkt. Auf dem Markt sind die eleganten Teltower Rübchen und die etwas robusteren Steck- oder Kohlrüben sowie die Rote Bete. Beim Einkauf kleine Exemplare auswählen, große sind oft holzig. Kleinere Rüben können im Ganzen gekocht werden. Ältere sind ausgezeichnet in Suppen und Eintöpfen oder in Pürees.

FÜR 4 PERSONEN
VORBEREITUNGSZEIT 50 MINUTEN
RUHEZEIT 30 MINUTEN
GARZEIT 15–20 MINUTEN

300 g Mehl

1/2 TL Salz, plus Salz zum Kochen

3 Eier

1 TL Olivenöl

Hartweizengrieß zum Bestäuben

FÜR DIE FÜLLUNG

500 g Kürbisfleisch, geschält, von den Kernen befreit und in Würfel geschnitten

2 EL Mostarda di Cremona oder eine Mischung aus 1 EL fein gehackten kandierten Früchten, 1 EL Honig und 1 TL körnigem Senf

2–3 Amaretti-Kekse, zerkrümelt

4 EL Semmelbrösel

1 kleines Ei, leicht verquirlt

1/2 TL Muskatnuss, frisch gerieben

2 EL Parmesan, frisch gerieben

ZUM ANRICHTEN

75 g Butter

3–4 Salbeiblätter

geriebener Parmesan

TORTELLI MIT KÜRBISFÜLLUNG

Die Tortelli werden wie in der Emilia Romagna, ihrer italienischen Heimat, mit Salbeibutter angerichtet. Zerkrümelte Amaretti geben der Füllung Bindung.

Mehl und Salz in einer großen Schüssel mischen. Die Eier in die Mitte geben und das Öl hinzufügen. Alles mit genügend Wasser zu einem weichen Teig verarbeiten. Den Teig mindestens 10 Minuten gründlich kneten, bis er glatt und elastisch ist. Die Teigkugel leicht einölen, in Frischhaltefolie wickeln und 30 Minuten ruhen lassen.

Den Backofen auf 190 °C vorheizen. Das Kürbisfleisch auf einem Backblech im Ofen etwa 30 Minuten braten, bis es weich ist. Den Kürbis in der Küchenmaschine pürieren, abkühlen lassen.

Den Pastateig in 2 Hälften teilen, jede Hälfte zu einer Kugel formen und mit dem Hartweizengrieß bestäuben. Zu 2 sehr dünnen, gleich langen und breiten Streifen ausrollen. Sie können den Teig auch durch eine Pastamaschine laufen lassen, bis er hauchdünn ist.

Das Kürbispüree mit der Mostarda (oder der Früchte-Senf-Mischung) mischen und die restlichen Zutaten einarbeiten. Jeweils 1 TL Mischung im Abstand von etwa 8 cm auf 1 Teigstreifen setzen. Den Teig zwischen den Häufchen mit etwas Wasser einpinseln, den zweiten Teigstreifen darauf legen und zwischen den Häufchen zusammendrücken, um die Tortelli zu versiegeln. Mit einem Teigrad oder einem scharfen Messer ausschneiden. Ergibt etwa 24 Tortelli.

In einem großen Topf Salzwasser zum Kochen bringen. Die Tortelli in kleinen Portionen hineingeben, sodass sie gerade nebeneinander liegen können. 2–3 Minuten ziehen lassen – sie sind gar, wenn sie zur Oberfläche aufsteigen. Mit einem Schaumlöffel herausnehmen und in eine mit etwas Öl ausgepinselte vorgewärmte Schüssel geben.

In der Zwischenzeit die Butter in einer Pfanne zerlassen und den Salbei darin dünsten, bis die Butter goldgelb, aber nicht braun wird. Die Tortelli mit der heißen Salbeibutter beträufeln und servieren. Mit geriebenem Parmesan zum Bestreuen servieren.

WIRSING-GRATIN MIT KARTOFFELN UND SPECK

Dieses robuste Gericht, das köstlich nach Taleggio und Parmesan duftet, ist besonders lecker, wenn ein aromatischer Tomaten-Paprika-Salat dazu gereicht wird.

FÜR 6 PERSONEN
VORBEREITUNGSZEIT 45 MINUTEN
GRATINIERZEIT 20–40 MINUTEN

4 mittelgroße Kartoffeln, geschält und in 2–3 cm große Würfel geschnitten

3 EL bestes Olivenöl

200 g durchwachsener Speck, in Würfel geschnitten

1 große Zwiebel, geschält und in feine Streifen geschnitten

2 Knoblauchzehen, geschält und in feine Würfel geschnitten

1 TL frische Thymianblätter

1/4 TL getrocknete Chiliflocken (nach Belieben)

700 g Wirsing, geputzt, geviertelt und in Rauten geschnitten

50 g frisch geriebener Parmesan

Salz und schwarzer Pfeffer aus der Mühle

Butter zum Einfetten

250 g Taleggio, in Würfel geschnitten

In einem großen Topf Wasser zum Kochen bringen. Die Kartoffelwürfel hineingeben und zugedeckt 5 Minuten kochen lassen, bis sie gerade weich sind. Abgießen und in eine große Schüssel geben.

In der Zwischenzeit das Öl in einer hohen Pfanne erhitzen. Den Speck darin braten, bis er gut Farbe angenommen hat. Die Hitze reduzieren und die Zwiebel, den Knoblauch, den Thymian und die Chiliflocken dazugeben. Unter gelegentlichem Rühren sanft dünsten, bis die Zwiebel weich ist.

Den vorbereiteten Wirsing waschen und ein Drittel davon noch feucht in die Zwiebel-Speck-Mischung geben. Zusammenfallen lassen und nach und nach den restlichen Wirsing hinzufügen. Damit er nicht anbrennt, nötigenfalls etwas Wasser dazugießen. Sobald der Wirsing zusammengefallen ist, die Pfanne vom Herd nehmen und alles unter die Kartoffeln heben. Mit der Hälfte vom Parmesan mischen und würzen.

Den Backofen auf 200 °C vorheizen. Eine quadratische Auflaufform (etwa 25 cm groß und 5 cm tief) mit der Butter einfetten.

Die Hälfte der Wirsing-Kartoffel-Mischung in die Form geben. Mit der Hälfte vom Taleggio bestreuen. Mit der restlichen Wirsingmischung bedecken und mit dem übrigen Taleggio und Parmesan bestreuen. Wenn die Mischung noch warm ist, auf der mittleren Schiene des Backofens 20 Minuten – sonst 30–40 Minuten – überbacken, bis alles brodelt und der Käse goldbraun ist.

SAISON hat ...

WIRSING

Der Wirsing ist mit seinen dunkelgrünen, netzartig gerippten Blättern unverwechselbar und eine der mildesten Sorten in der großen Kohl-Familie. Blanchierte Wirsingblätter sind ideale Hüllen für Rouladen. Um einen ganzen Wirsingkopf zu füllen, putzen Sie ihn und waschen Sie ihn in gesalzenem Wasser, bevor Sie den harten Kern entfernen. In Frankreich ist Wirsing eine traditionelle Beilage zu Rebhuhn.

FÜR 4 PERSONEN
VORBEREITUNGSZEIT 20 MINUTEN
EINWEICH- UND MARINIERZEIT 12 STUNDEN
GARZEITEN 2 STUNDEN

200 g getrocknete rote Kidney-Bohnen

1/4 TL Natron

1 Knoblauchzehe, geschält und fein gehackt

1 TL gemahlene Kurkuma

1/2 TL Chilipulver

Salz

15 g Butter

1 Stück Ingwer (1 cm), geschält und fein gerieben

1/4 TL Garam Masala (indische Gewürzmischung)

1 Hand voll Koriandergrün

FÜR DIE LAMMSPIESSE

500 g Lammkeule oder -nackensteak, in 2–3 cm große Würfel geschnitten

2 rote Zwiebeln, geschält

3 EL Sonnenblumenöl

FÜR DIE MARINADE

100 g Joghurt

Saft von 1 Zitrone

1 Stück Ingwer (2–3 cm), geschält und in Scheiben geschnitten

1 Knoblauchzehe, geschält und in Scheiben geschnitten

1 TL gemahlener Kreuzkümmel

1/4 TL Cayennepfeffer

1/4 TL Salz

LAMMSPIESSE MIT WÜRZIGEN BOHNEN

Würzige Kidney-Bohnen werden hier zu gegrillten Lammspießen serviert, die in Joghurt mariniert werden. Sie könnten dieses Gericht auch mit Basmati-Reis statt Bohnen servieren.

Die Kidney-Bohnen 12 Stunden in kaltem Wasser einweichen. Alle Zutaten für die Marinade in einer großen Schüssel mischen, die Lammwürfel hinzufügen und gut mit der Marinade überziehen. Im Kühlschrank 6–12 Stunden zugedeckt marinieren lassen.

Die Kidney-Bohnen abgießen und abspülen. In einen Topf geben und mit reichlich kaltem Wasser bedecken. Zum Kochen bringen und 15 Minuten lebhaft kochen lassen, dabei den sich bildenden Schaum abschöpfen. Dann die Hitze reduzieren und Natron, Knoblauch, Kurkuma und Chilipulver hinzufügen. 1 1/2 Stunden sanft köcheln lassen, falls nötig, kochendes Wasser dazugießen, bis die Bohnen ganz weich sind und in einer dicken Sauce liegen. Mit Salz abschmecken.

Die Butter in einer kleinen Pfanne bei mittlerer Hitze zerlassen, den Ingwer und das Garam Masala hinzufügen und 1–2 Minuten scharf anbraten. Die Kidney-Bohnen dazugeben.

Ein Backblech mit Alufolie auslegen und den Grill vorheizen. Die roten Zwiebeln für die Spieße in 2–3 cm große Würfel schneiden und die einzelnen Spalten trennen. Die Lammwürfel aus der Marinade nehmen und mit Küchenpapier trockentupfen.

Lamm- und Zwiebelstücke abwechselnd auf 8 Spieße fädeln (Holzspieße zuvor 30 Minuten in kaltem Wasser einweichen). Die Lammspieße mit dem Öl bepinseln und 10–12 Minuten grillen, dabei regelmäßig wenden, sodass das Lamm auf allen Seiten gleichmäßig gart. Falls nötig, die Kidney-Bohnen nochmal erhitzen und mit Koriandergrün bestreut zu den Spießen servieren.

GEBRATENER FASAN MIT QUITTENSAUCE

Fasan mal ganz anders durch das Aroma der Quitte. Die pikanten Brösel lassen sich im Voraus zubereiten und aufbewahren. Auch Hähnchen und Rebhuhn können nach diesem Rezept zubereitet werden.

FÜR 4 PERSONEN
VORBEREITUNGSZEIT 30 MINUTEN
GARZEIT 45 MINUTEN

1 rote Zwiebel, geschält und in dicke Ringe geschnitten

3 EL Quittenpaste

2 küchenfertige Fasane

30 g weiche Butter

Salz und schwarzer Pfeffer aus der Mühle

2 Lorbeerblätter

1 EL Marsala

150 ml Hühnerfond (Glas)

FÜR DIE PIKANTEN BRÖSEL

1 EL Olivenöl

20 g Butter

2 Schalotten, geschält und fein gehackt

8 EL Semmelbrösel (oder zerbröseltes altbackenes Sauerteigbrot)

1 EL gehackte Walnuss- oder Pinienkerne

1 EL Rosinen, in kochendem Wasser eingeweicht

Den Backofen auf 200 °C vorheizen.

Die Zwiebelringe auf den Boden eines Bräters legen. Je 1 1/2 EL Quittenpaste in die Bauchhöhle von 1 Fasan geben und das Innere würzen. Beide Vögel mit der Butter bestreichen und außen würzen. Die Fasane auf die Zwiebeln legen und die Lorbeerblätter darunter schieben. 45 Minuten im Ofen braten. Zur Garprobe die Keulen anstechen; wenn nur noch klarer Saft austritt, ist der Vogel gar.

In der Zwischenzeit die Brösel zubereiten. Das Öl und die Butter in einer Pfanne bei mittlerer Hitze heiß werden lassen. Die Schalotten, die Semmelbrösel und die Nüsse hineingeben. Etwa 5 Minuten unter Rühren braten, bis die Mischung das Fett aufgenommen hat und goldbraun und knusprig ist. Auf Küchenpapier abtropfen lassen. Vor dem Servieren die Rosinen abgießen, dabei jede überschüssige Flüssigkeit ausdrücken, und mit den Bröseln vermischen.

Wenn die Fasane gar sind, aus dem Ofen nehmen. Behutsam jeden Vogel aufrecht hinstellen, sodass der Quittensaft aus den Bauchhöhlen in den Bräter läuft. Die Vögel auf eine vorgewärmte Platte legen, mit Folie bedecken und warm halten, während Sie die Sauce zubereiten.

Alles überschüssige Fett aus dem Bräter abschöpfen. Die Lorbeerblätter und die Zwiebeln herausnehmen. Den Bräter bei mittlerer Hitze heiß werden lassen, den Marsala hinzufügen und lebhaft rühren, um die karamellisierten Bratrückstände von den Bräterwänden zu lösen. Den Fond hinzugießen und zum Kochen bringen, 2–3 Minuten köcheln lassen. In eine vorgewärmte Sauciere absieben. Die Fasane tranchieren und mit den Bröseln und der Sauce servieren.

SAISON hat ...

QUITTE

Die gelben birnen- oder apfelförmigen Früchte werden im Spätherbst reif. Roh sind sie ungenießbar. Traditionell werden sie zu Gelee und Konfitüre verkocht. Zu herzhaften Gerichten schmecken sie auch sehr gut, z. B. in Scheiben gebraten und mit Honig und/oder Balsam-Essig karamellisiert.

FÜR 4 PERSONEN
VORBEREITUNGSZEIT 20 MINUTEN
RUHEZEIT ÜBER NACHT
GARZEIT 2 3/4 STUNDEN

1 küchenfertige Ente, etwa 2 kg

1 EL Cointreau

Saft von 1 Orange

2 Orangen, geschält und ohne den weißen Bast in einzelne Filets geteilt

Salz und schwarzer Pfeffer aus der Mühle

3 Frühlingszwiebeln, geputzt und in feine Ringe geschnitten

FÜR DEN GEBRATENEN KÜRBIS

1 Kürbis, etwa 1 1/2 kg

1 1/2 EL Olivenöl

2 Zweige Thymian, die Blätter abstreifen, plus Zweige zur Garnitur

abgeriebene Schale von 1 unbehandelten Orange

ENTE MIT THYMIAN, ORANGE UND KÜRBIS

Obst passt gut zu Ente, weil ihr Fleisch so fettreich ist. Dieses Gericht ist eine reizvolle Variante zur klassischen Kombination von Ente und Orange.

Die Ente in ein Sieb geben und mit kochendem Wasser übergießen, um ihr etwas Fett zu entziehen. Abtropfen lassen und gründlich innen und außen mit Küchenpapier trockentupfen. Die Ente mit dem Cointreau einpinseln (dadurch trocknet die Haut etwas aus und wird knuspriger). Dann offen für einen Tag in den Kühlschrank stellen, damit die Ente noch weiter trocknet.

Den Backofen auf 200 °C vorheizen. Die Ente auf den Rost über ein Backblech legen. In den Ofen schieben und 45 Minuten braten, dann die Temperatur auf 150 °C reduzieren. Die Ente 2 Stunden braten, bis das Fleisch fast von den Kochen fällt und die Haut richtig knusprig ist. Aus dem Ofen nehmen und auf eine vorgewärmte Platte legen. 5–10 Minuten ruhen lassen.

Während die Ente brät, den Kürbis halbieren, die Kerne herauskratzen und das Fleisch in dünne Spalten schneiden. Auf ein Backblech legen, mit dem Öl beträufeln und mit den Thymianblättern, der Orangenschale, Salz und Pfeffer bestreuen. Während den letzten 20 Minuten Bratzeit in den Ofen zur Ente schieben. Während die Ente ruht, die Backofentemperatur auf 200 °C erhöhen und das Kürbisfleisch weitere 10 Minuten braten, bis es zu karamellisieren beginnt.

Die Ente tranchieren. Den Orangensaft mit dem ausgetretenen Saft von der Platte mischen und das Entenfleisch dazugeben. Abschmecken. Das Kürbisfleisch auf der Platte anrichten. Das Entenfleisch mit den Orangenspalten und Frühlingszwiebeln darauf verteilen. Mit Thymian garnieren und servieren. Bratkartoffeln sind eine gute Beilage.

REHRAGOUT

Traditionell wird Wild in Wein mariniert, damit es zart wird. Das ist bei Zuchtwild nicht mehr nötig, aber es gibt zusätzlichen Geschmack.

FÜR 6 PERSONEN
VORBEREITUNGSZEIT 40 MINUTEN
MARINIERZEIT 8–24 STUNDEN
GARZEIT 1 STUNDE, 10 MINUTEN

1 kg Rehfleisch von der Keule, in Würfel geschnitten

3 Streifen unbehandelte Orangenschale

6 EL Sonnenblumenöl

250 g geräucherter Schinkenspeck, in dünne Streifen geschnitten

1 Zwiebel, geschält, geviertelt und in Scheiben geschnitten

2 große Möhren, geschält und gestiftelt

1 kleine Knoblauchzehe, geschält und gehackt

2 EL Grand Marnier (nach Belieben)

2 EL Mehl

150 ml Hühnerfond (Glas)

3 Stängel Petersilie

2 Zweige Thymian

Salz und schwarzer Pfeffer

200 g Mehl

2 EL gehackte Petersilienblätter

FÜR DIE MARINADE

700 ml fruchtiger Rotwein

1 Lorbeerblatt

3 Zweige Thymian

1 großer Stängel Petersilie

1 Zwiebel, geschält und in grobe Stücke geschnitten

2 Stangen Sellerie, in grobe Stücke geschnitten

2 große Möhren, geschält und in grobe Stücke geschnitten

1 Gewürznelke

5 schwarze Pfefferkörner

Alle Zutaten für die Marinade in einer Schüssel mischen und das Rehfleisch damit gut überziehen. Zugedeckt mindestens 8 und höchstens 24 Stunden kühl stellen.

Den Backofen auf 140 °C vorheizen. Die Orangenschalen in einem feuerfesten Gefäß etwa 10 Minuten im Ofen trocknen. Herausnehmen und beiseite stellen.

Das Fleisch aus der Marinade heben und abtropfen lassen. Die Marinade durch ein Sieb gießen und aufbewahren.

3 EL Öl in einer Pfanne bei mittlerer Hitze heiß werden lassen. Den Speck darin 3 Minuten braten, dann Zwiebeln, Möhren und Knoblauch hinzufügen. Wenn die Zwiebeln glasig sind, das Gemüse aus der Pfanne in einen Bräter geben.

2 weitere EL Öl in die Pfanne geben und die Hitze erhöhen. Einen Teil des Rehfleischs in die Pfanne legen, sodass es den Boden knapp bedeckt, und lebhaft braten, bis es gut gebräunt ist. In den Bräter geben. Das restliche Fleisch ebenso bräunen, eventuell noch etwas Öl hinzufügen. Wenn Sie mögen, den Grand Marnier über das Fleisch im Bräter gießen, anzünden und rühren, bis die Flammen erlöschen.

Nun die 2 EL Mehl in das Fett in der Pfanne rühren. 1 Minute dünsten, dann ein Viertel von der Marinade hineinrühren. Kochen lassen und auf die Hälfte reduzieren. Die restliche Marinade dazugießen und weiterkochen, bis die Flüssigkeit angedickt ist, dann mit dem Fond, der Orangenschale, den Petersilienstängeln und dem Thymian unter das Fleisch mischen. Abschmecken.

Aus Mehl und Wasser einen zähen Teig bereiten. Auf einer leicht bemehlten Arbeitsfläche zu einer Wurst ausrollen, auf den Rand des Bräters legen und den Deckel darauf andrücken (s. Seite 35). Den Bräter in den Ofen stellen und das Ragout 1 Stunde und 10 Minuten schmoren. Den Teigrand aufbrechen, die Petersilie hinzufügen und das Ragout servieren.

SAISON hat ...

REH

Reh kommt meist aus Zuchthaltung und ist das ganze Jahr erhältlich, aber man bereitet es traditionell im Herbst und Winter zu. Rehfleisch eignet sich zum Braten, Grillen, Schmoren und für Terrinen.

FÜR 6 PERSONEN
VORBEREITUNGSZEIT 30 MINUTEN
SCHMORZEIT 1 1/2 STUNDEN
BACKZEIT 35 MINUTEN

3 EL Olivenöl

1 kg Rindfleisch zum Schmoren, in 2–3 cm große Würfel geschnitten

1 große Zwiebel, geschält und gehackt

250 g Champignons, halbiert

1 gehäufter EL Mehl

2 EL Worcestersauce

1 EL Senf

300 ml Rinderfond (Glas)

1 Lorbeerblatt

Salz und schwarzer Pfeffer aus der Mühle

1 EL gehackte Petersilienblätter

300 g Mürbeteig (s. Seite 154)

1 Ei, zum Glasieren

RINDFLEISCH-PASTETE MIT PILZEN

Rindfleisch und Pilze harmonieren perfekt, wie diese traditionelle Pastete beweist. Sie können die Füllung auch separat mit Kartoffelbrei servieren.

Für die Füllung 1 EL Öl in einem großen Topf erhitzen. Ein Drittel der Rindfleischwürfel darin bei mittlerer Hitze anbraten. Mit einem Schaumlöffel herausheben und beiseite stellen. Das Ganze mit dem restlichen Öl und Fleisch in zwei Portionen wiederholen, am Schluss etwas Öl im Topf lassen.

Die Zwiebeln in den Topf geben und etwa 15 Minuten dünsten, bis sie weich und karamellisiert sind. Die Pilze hinzufügen und unter Rühren 5 Minuten dünsten, bis sie weich werden. Das Mehl unter die Zwiebeln und Pilze rühren und 2–3 Minuten schmoren. Die Worcestersauce, den Senf und den Rinderfond hinzufügen und umrühren, bis die Mischung glatt ist. Das Fleisch mit dem Lorbeerblatt dazugeben. Zum Kochen bringen, die Hitze reduzieren und zugedeckt etwa 1 1/2 Stunden köcheln lassen, bis das Fleisch ganz zart ist. Mit Salz und Pfeffer abschmecken und die Petersilie hinzufügen. Das Lorbeerblatt herausnehmen.

Den Backofen auf 190 °C vorheizen.

Den Teig in Größe einer Pastetenform (etwa 1,7 l Fassungsvermögen) ausrollen. Das Ei mit etwas Wasser verquirlen. Einen dünnen Teigstreifen abschneiden, den Rand der Form mit Ei einpinseln und den Teigstreifen darauf kleben.

Die Rindfleisch-Pilz-Füllung in die Form geben. Den Teig darüber legen, die Ränder andrücken und abdichten und überschüssigen Teig abschneiden. In der Mitte ein kleines Loch hineinschneiden und ein Röhrchen aus Alufolie als Abzug hineinstecken. Aus den Teigresten ein paar Blätter zur Verzierung ausschneiden und mit Ei auf den Teigdeckel kleben. Die Oberseite der Pastete mit dem restlichen Ei glasieren. In den Ofen schieben und in 35 Minuten goldbraun backen.

FÜR 4 PERSONEN
VORBEREITUNGSZEIT 20 MINUTEN
GARZEIT 10 MINUTEN

Sonnenblumenöl zum Frittieren

500 g Schweinefilet, in 2–3 cm große Würfel geschnitten

1 EL Sake (japanischer Reiswein)

1 EL Sojasauce

3 EL Mehl

1 Ei, leicht verqirlt

2 rote Paprikaschoten, geviertelt und von den Samen befreit

1 Bund Frühlingszwiebeln, geputzt

1 Dose Bambussprossen (225 g), abgegossen und gespült

2 Dosen ungesüßte Ananasstücke in Saft (à 225 g), abgegossen

1 EL Speisestärke

Öl zum Braten und Frittieren

FÜR DIE SÜSSSAURE SAUCE

2 TL Speisestärke

4 EL brauner Zucker

2 EL Sojasauce

6 EL Reiswein- oder Weißweinessig

2 EL Tomatenketchup

SCHWEINEFLEISCH SÜSSSAUER

Dieses Gericht ist seit langem in China-Restaurants beliebt. Mit diesem Rezept lässt es sich leicht zubereiten. Mit gedämpftem oder gebratenem Reis eine köstliche Mahlzeit.

Falls Sie eine Fritteuse verwenden, füllen Sie sie mit Öl und heizen Sie sie auf 180 °C vor.

Die Fleischwürfel in eine große Schüssel geben. Mit dem Sake und der Sojasauce mischen und beiseite stellen.

Für den Teig das Mehl in eine mittelgroße Schüssel sieben, das Ei in die Mitte hineingeben und glattrühren, beiseite stellen.

Die Paprikaschoten und die Frühlingszwiebeln in 2–3 cm lange Stücke schneiden. Mit den Bambussprossen und den Ananasstücken beiseite stellen.

Für die süßsaure Sauce die Speisestärke in einen kleinen Topf geben. Mit 100 ml Wasser, Zucker, Sojasauce, Essig und Ketchup mischen und bei schwacher Hitze heiß werden lassen. Etwa 3 Minuten sanft köcheln lassen, bis die Sauce angedickt ist.

In der Zwischenzeit das Schweinefleisch aus der Marinade nehmen. Auf einen Teller legen, mit der Speisestärke bestäuben. Falls Sie keine Fritteuse verwenden, genügend Öl in einem Wok oder einer Pfanne erhitzen. Das Schweinefleisch durch den Teig ziehen und im heißen Öl in zwei Portionen frittieren. Für jede Portion sollten Sie etwa 2-3 Minuten benötigen. Sobald die Fleischwürfel goldbraun sind, herausnehmen und auf Küchenpapier abtropfen lassen.

Das frittierte Fleisch nochmal für 2 Minuten ins Öl geben, während Sie 2 EL Sonnenblumenöl in einer beschichteten Pfanne oder einem Wok erhitzen. Sobald das Öl leicht raucht, die Paprika- und Zwiebelstreifen darin 1 Minute kräftig pfannenrühren, dann die Bambussprossen und die Ananasstücke hinzufügen, anschließend die Sauce. Die Sauce zum Kochen bringen, und sobald sie Blasen wirft, das kochend heiße Schweinefleisch untermischen. Sobald alles von der Sauce umhüllt ist, in eine Servierschüssel geben und mit Reis servieren.

FÜR 6 PERSONEN
VORBEREITUNGSZEIT 15 MINUTEN
GARZEIT 25 MINUTEN

3 Fenchelknollen

2–3 EL Olivenöl

3 Zitronen, halbiert

2–3 küchenfertige ganze Wolfsbarsche (Loup de mer), insgesamt etwa 1 1/2 kg

Salz und schwarzer Pfeffer aus der Mühle

WOLFSBARSCH MIT ZITRONE UND FENCHEL

Das zarte Fleisch des Wolfsbarschs harmoniert perfekt mit den süßen Aromen von karamellisierten Fenchelspalten und Zitronen.

Den Backofen auf 220 °C vorheizen. 2 feuerfeste Formen einölen. Vom Fenchel das Grün abschneiden. Die äußere Schicht wegwerfen, die Knollen halbieren, das Wurzelende keilförmig herausschneiden und in dicke Spalten schneiden. 1 EL Olivenöl in einer Pfanne bei mittlerer Hitze heiß werden lassen. Die Zitronen mit der Schnittfläche nach unten und den Fenchel hineingeben und 5–6 Minuten anbraten, bis sie goldbraun sind.

Die Wolfsbarsche innen gut würzen und mit dem Fenchelgrün füllen. Die Fische in die Formen geben und leicht mit Olivenöl bepinseln. Die Zitronenhälften und Fenchelspalten drumherum anrichten. Alles mit Salz und Pfeffer würzen und in den Ofen schieben. 20–25 Minuten braten, bis das Fischfleisch sich leicht von den Gräten löst. Die Fische mit der Zitrone und dem Fenchel servieren.

FÜR 4 PERSONEN
VORBEREITUNGSZEIT 1 STUNDE
GARZEIT 20 MINUTEN

GEMISCHTER FISCH MIT KORIANDER & CHILI

Erdnussöl zum Braten

500 g große rohe Garnelen; die Köpfe und Schalen entfernen und beiseite stellen

1/2 TL Koriandersamen, zerstoßen

1/4 TL gemahlener Kreuzkümmel

150 ml Kokosmilch

500 g gemischte Fischfilets, etwa Brasse, Barsch, Seeteufel, Seezunge oder Thunfisch, in 2–3 cm große Stücke geschnitten

2 kleine Zwiebeln, geschält und fein gehackt

4 Knoblauchzehen, geschält und fein gehackt

2 große frische Chilischoten, von den Samen befreit und fein gehackt

abgeriebene Schale von 1/2 Limette

Saft von 2 Limetten

100 g Koriandergrün, fein gehackt

Salz und schwarzer Pfeffer aus der Mühle

In der Küche der ostafrikanischen Küste, von Kenia bis Mosambik, vermischen sich arabische, indische, europäische und afrikanische Einflüsse.

1 EL Erdnussöl in einem Topf heiß werden lassen. Die Garnelenköpfe und -schalen, Koriandersamen und den Kreuzkümmel darin dünsten, bis sich die Schalen orangerot färben. 100 ml Wasser und Kokosmilch hinzufügen und 10 Minuten köcheln lassen. Die Garnelenabfälle herausnehmen und wegwerfen.

In einer Pfanne 1 cm hoch Öl stark erhitzen und die Fische und Garnelen portionsweise auf jeder Seite etwa 1 Minute braten. Auf Küchenpapier warm stellen. Das Öl bis auf 3 EL abgießen und Zwiebeln, Knoblauch und Chilischote darin 10–15 Minuten sanft dünsten, dabei alle Rückstände in der Pfanne lösen. Den Limettensaft und die -schale und den Garnelensud angießen und zum Kochen bringen. Das Koriandergrün unterrühren. Die Sauce vom Herd nehmen und abschmecken. Den Fisch anrichten, die Sauce darüber geben und servieren.

SAISON hat ...

KORIANDERGRÜN
Die Blätter des Koriander haben ein pikantes Aroma. Da Koriandergrün am besten roh oder leicht gegart schmeckt, gibt man es erst in letzter Minute zum Gericht. Die Blätter werden von den Stängeln abgezupft und im Ganzen oder gehackt verwendet, die Stängel zuvor fein gehackt.

PIKANTE ENGLISCHE KÜRBISTORTE

FÜR 1 SPRINGFORM VON 20 CM DURCHMESSER
VORBEREITUNGSZEIT 1 STUNDE
BACKZEIT 50–60 MINUTEN

250 g Mehl

1 Prise Salz

125 g kalte Butter, in Würfel geschnitten

1 Eigelb

Mehl zum Arbeiten

FÜR DIE FÜLLUNG

500 g Kürbisfleisch, geputzt

80 g Zucker

abgeriebene Schale von 1 unbehandelten Zitrone

3 EL Weinbrand

1 Prise gemahlener Zimt

1 Prise gemahlener Ingwer

150 g Sahne (oder saure Sahne)

5 Eigelb

Puderzucker zum Bestäuben

Diese köstlich würzige Kürbistorte ist typisch für die Zeit von Edward VII., dem Sohn von Queen Victoria. Das Rezept stammt aus einem englischen Kochbuch von 1909.

Mehl, Salz und Butter in einer Schüssel oder in der Küchenmaschine zu feinen Krümeln verarbeiten. Das Eigelb hinzufügen und genügend kaltes Wasser (1–2 EL), um den Teig zu binden. Auf einer bemehlten Arbeitsfläche locker kneten, dann ausrollen und die gefettete Form damit auslegen. Den Boden mit einer Gabel mehrmals einstechen. Mit Backpapier bedecken und getrocknete Erbsen einfüllen. 30 Minuten kühl stellen.

Den Backofen auf 200 °C vorheizen.

Das Kürbisfleisch mit 200 ml Wasser in einen Topf geben. Zum Kochen bringen und zugedeckt köcheln lassen, bis das Kürbisfleisch ganz weich und das Wasser verdunstet ist. Eventuell während des Köchelns noch etwas Wasser hinzugießen, aber die fertige Masse muss ziemlich trocken sein. Das Kürbisfleisch durch ein Sieb oder in der Küchenmaschine pürieren und zum Abkühlen beiseite stellen.

Die Form mit dem Teig in den Ofen schieben und 10 Minuten blind backen. Die Erbsen und das Papier herausnehmen und den Boden weitere 8–10 Minuten backen, bis der Teig nicht mehr roh aussieht. Die Form aus dem Ofen nehmen und die Temperatur auf 180 °C reduzieren.

Das Kürbispüree mit dem Zucker, der Zitronenschale, dem Weinbrand und den Gewürzen mischen. Die Eigelbe mit der Sahne verschlagen und zur Mischung geben. In die Springform gießen. Die Form wieder in den Ofen schieben und 30–40 Minuten backen, bis die Füllung gerade erstarrt ist, aber noch etwas schwabbelt. Warm oder kalt, mit Puderzucker bestäubt servieren.

FÜR 6 PERSONEN
VORBEREITUNGSZEIT 25 MINUTEN
GARZEIT 15 MINUTEN

1 unbehandelte Zitrone

3 Zweige Rosmarin

5 schwarze Pfefferkörner

200 g Zucker

100 ml Dessertwein, etwa Marsala oder Vin Santo

6 reife Birnen

5 Mandelkekse, z. B. Amaretti

250 g Crème fraîche

BIRNENKOMPOTT MIT MANDELCREME

In der englischen Küche aromatisiert man Zucker gern mit Rosmarin. Lassen Sie das Kraut und die anderen Zutaten in einem hellen Sirup ziehen und gießen Sie ihn dann über die Birnenspalten.

Ein paar feine Streifen Zitronenschale abschneiden und in einen kleinen Topf mit Rosmarin, Pfefferkörnern, Zucker und 200 ml Wasser geben. Bei mittlerer Hitze heiß werden lassen und gelegentlich umrühren, bis sich der Zucker aufgelöst hat. 15 Minuten köcheln lassen, bis ein klebriger Sirup entstanden ist.

In der Zwischenzeit die Zitrone auspressen und den Saft mit dem Dessertwein in eine Schüssel gießen. Die Birnen schälen, vierteln und entkernen. Jedes Viertel längs in 3 oder 4 Spalten schneiden und zum Dessertwein geben. Sobald der Sirup fertig ist, durch ein Sieb zu den Birnen gießen und behutsam mischen. Zum Abkühlen beiseite stellen.

Für die Creme die Kekse in eine Gefriertüte geben und mit einem Nudelholz fein zerdrücken. In eine kleine Schüssel streuen und mit der Crème fraîche mischen. Je länger die Mischung steht, desto intensiver entwickelt sich das Mandelaroma. Falls nötig, kühl stellen.

Die Birnen gekühlt oder bei Zimmertemperatur mit der Creme servieren.

SAISON haben ...

BIRNEN

Reife Birnen am besten in Spalten schneiden und zu Käse servieren oder mit Honig beträufeln und mit Mandeln bestreuen. Birnen reifen zu unterschiedlichen Zeiten, sind also den ganzen Herbst erhältlich. Zum Kochen sind noch nicht ganz reife Birnen eher geeignet – sie lassen sich pochieren, braten oder pürieren. Besonders gut passen sie zu Schokolade, etwa in einem Schokoladenpudding. Vor dem Verarbeiten stets schälen.

FÜR 6 PERSONEN
VORBEREITUNGSZEIT 15 MINUTEN
BACKZEIT 15 MINUTEN

Butter zum Einfetten

400 g tiefgekühlter Blätterteig, aufgetaut

3 EL Zucker

1 Prise gemahlene Gewürznelken

Saft von 1/2 Zitrone

3 Äpfel, etwa Braeburn

APFELTÖRTCHEN

Diese kleinen schnellen Törtchen schmecken köstlich, wenn sie noch warm sind. Sehr gut eignen sich auch andere Früchte wie Pfirsiche, Feigen oder Nektarinen.

Den Backofen auf 200 °C vorheizen und ein Blech mit Butter einfetten. Den Blätterteig ausbreiten, etwas ausrollen und in 6 etwa 18 x 7 cm große Rechtecke schneiden. Aufs Blech legen. Den Zucker mit den gemahlenen Nelken in einer Schüssel mischen. In eine größere Schüssel den Zitronensaft gießen. Die Äpfel waschen, halbieren, von Kerngehäuse und Blüten- und Stielansatz befreien und in dünne Scheiben schneiden. Die Scheiben in den Zitronensaft geben.

Die Apfelscheiben auf den Teigstücken so anordnen, dass sie sich überlappen. Mit der Zucker-Mischung bestreuen und in den Backofen schieben. 15–20 Minuten backen, bis der Teig goldbraun ist und die Äpfel weich sind.

GEBRATENE FEIGEN

FÜR 4 PERSONEN
VORBEREITUNGSZEIT 5 MINUTEN
BACKZEIT 20 MINUTEN

10 g weiche Butter

12 reife Feigen

75 g Zucker

Saft von 1/2 Zitrone

1 TL Orangenblütenwasser (nach Belieben)

Crème fraîche, Mascarpone oder Vanilleeis zum Anrichten

Feigen großzügig mit Zucker bestreuen, mit Zitronensaft beträufeln und im Backofen garen– fertig ist ein köstliches Dessert.

Den Backofen auf 200 °C vorheizen. Mit der weichen Butter ein Backblech einfetten.

Die zähen Stängel der Feigen abschneiden und die Feigen halbieren. Mit der Schnittfläche nach oben auf das Backblech legen und mit der Hälfte des Zuckers bestreuen. Den Zitronensaft mit dem Orangenblütenwasser mischen (nach Belieben) und über die Feigen träufeln. Das Blech für 15 Minuten in den Ofen schieben. Die Feigen mit der entstehenden Sauce beträufeln, mit dem restlichen Zucker bestreuen und weitere 5 Minuten braten.

Die Feigen heiß oder warm mit Crème fraîche, Mascarpone oder Vanilleeis servieren.

SAISON haben ...

FEIGEN

Mehrere Feigensorten – weiße, rote und violette – werden besonders in den Mittelmeerländern angebaut. Man isst sie am besten kurz nach dem Kauf. Bewahren Sie sie bei Zimmertemperatur auf, nicht im Kühlschrank, so behalten sie ihre aromatische Süße. Mit Parmaschinken oder Ziegenkäse sind Feigen eine ausgezeichnete Vorspeise, köstlich schmecken sie in Desserts und heißen Puddings.

BIRNENSOUFFLEES MIT SCHOKOLADENSAUCE

FÜR 8 SOUFFLEEFORMEN (JE 150 ML INHALT)
VORBEREITUNGSZEIT 1 STUNDE
BACKZEIT 10 MINUTEN

4 große reife Birnen

Saft von 1 Zitrone

120 g Zucker, plus Zucker zum Bestreuen

2 EL Speisestärke

4 EL Calvados

15 g zerlassene Butter zum Einfetten

4 Eiweiß

FÜR DIE SCHOKOLADENSAUCE

200 g zartbittere Schokolade, grob gehackt

200 ml Milch

2 EL Sahne

30 g Zucker

30 g Butter, in Würfel geschnitten

Servieren Sie die Schokoladensauce separat, sodass jeder Gast sich selbst nehmen kann. Man braucht nur wenig Sauce, die Soufflees sind recht süß.

Für die Sauce die Schokolade in einer kleinen Schüssel in einen Topf mit köchelndem Wasser stellen und schmelzen lassen. Milch, Sahne und Zucker in einem Topf unter Rühren sanft erhitzen und den Zucker auflösen. Zum Kochen bringen und die geschmolzene Schokolade unterrühren. Vom Herd nehmen und die Butter unterschlagen, bis die Sauce glatt ist. Warm halten, wenn Sie die Soufflees sofort zubereiten, sonst abkühlen lassen und kühl stellen.

3 Birnen schälen, entkernen und in grobe Würfel schneiden. Mit der Hälfte des Zitronensafts und 80 g Zucker in etwa 15 Minuten weich köcheln lassen, dann pürieren. Die Speisestärke mit 3 EL Calvados anrühren und unter das Püree mischen. Aufkochen und 2 Minuten köcheln lassen, bis die Masse andickt. Vom Herd nehmen und abkühlen lassen.

Den Backofen und ein Backblech auf 220 °C vorheizen. Die Souffleeformen mit Butter auspinseln und mit Zucker ausschwenken.

Die übrige Birne schälen, entkernen und fein würfeln. Mit dem restlichen Calvados und Zitronensaft mischen und ziehen lassen, während das Birnenpüree abkühlt.

Den Saft der eingeweichten Birnenwürfel durch ein Sieb abgießen und mit dem lauwarmen Püree vermischen. Die Eiweiße schaumig schlagen, den restlichen Zucker hinzufügen und das Eiweiß steif schlagen. Erst ein Drittel Eischnee unter das Birnenpüree heben, dann den Rest.

Die Souffleeformen zur Hälfte mit Birnenpüree füllen, mit den Birnenwürfeln bestreuen und das restliche Püree darüber geben. Die Oberfläche der Soufflees glätten, dann den oberen inneren Rand der Formen säubern, damit das Soufflee beim Backen schön aufgehen kann. Auf das heiße Blech stellen, auf der mittleren Schiene in den Ofen schieben und die Temperatur auf 190 °C stellen. 10 Minuten backen, bis die Soufflees gut aufgegangen, aber noch leicht schwabbelig sind. (Beim Backen den Ofen nicht öffnen, sonst fallen die Soufflees zusammen.) Sofort servieren und die warme Sauce separat reichen.

FÜR 8 PERSONEN
VORBEREITUNGSZEIT 35 MINUTEN, PLUS ABKÜHL-UND RUHEZEIT
BACKZEIT 15 MINUTEN

170 g Zartbitterschokolade, in grobe Stücke gebrochen

170 g Zucker

5 Eier, getrennt

Mark von 1 Vanilleschote

Öl für das Blech

Puderzucker zum Bestäuben

FÜR DIE FÜLLUNG

3 EL Puderzucker

120 g ungesüßtes Maronenpüree (Fertigprodukt)

4 EL saure Sahne

100 g geröstete Maronen, geschält und grob gehackt

2 EL Rum

300 g Sahne

SCHOKOLADENROULADE MIT MARONEN UND RUM

Ein weicher Schokoladenbiskuit und ein saftig-zartes Maronenpüree sind eine wahrhaft süße Versuchung. Um Zeit zu sparen, können Sie auch vorgegarte und geschälte Esskastanien verwenden.

Den Backofen auf 180 °C vorheizen. Ein Backblech mit Backpapier auslegen und leicht einölen.

Die Schokolade in einer kleinen Schüssel über einem Topf mit köchelndem Wasser schmelzen. In einer großen Schüssel den Zucker mit den Eigelben schaumig schlagen. Das Vanillemark hinzufügen. Sobald die Schokolade geschmolzen ist, 3 EL heißes Wasser unterrühren und die Schokolade zu einer glatten Creme schlagen, dann langsam in die Eimasse einrühren.

Die Eiweiße steif schlagen. Rasch und behutsam unter die Schokoladenmasse heben. Den Teig auf das vorbereitete Backblech gießen, gleichmäßig verstreichen, sofort in den Ofen schieben und 15 Minuten backen. Ein sauberes Geschirrtuch mit Puderzucker bestreuen, den Teig darauf stürzen, das Backpapier abziehen und den Biskuit mithilfe des Küchentuchs aufrollen. Abkühlen lassen.

In der Zwischenzeit den Puderzucker mit dem Maronenpüree mischen, dann die saure Sahne und die gehackten Maronen unterziehen. Die Sahne mit dem Rum steif schlagen, dann leicht unter die Maronencreme heben, sodass die Mischung marmoriert aussieht.

Den Biskuitteig aufrollen und die Maronencreme darauf verstreichen. Mithilfe des Tuchs den Teig wieder einrollen. Die Enden glatt abschneiden, wenn Sie mögen, und die Roulade auf eine Platte heben. Die Roulade vor dem Servieren für ein paar Stunden im Kühlschrank kalt stellen.

SAISON haben ...

ESSKASTANIEN

Das Fruchtfleisch frischer Esskastanien oder Maronen ist weiß und knackig. Zum Schälen die Kastanien 1 Minute in kochendes Wasser geben oder in einer Pfanne 5 Minuten rösten und noch heiß die Schale abziehen. Der köstliche Geschmack der Maronen wird durch Vanille verstärkt. Sie schmecken großartig mit Schokolade und ergeben eine leckere Füllung für Biskuitkuchen.

FÜR 4 PORTIONEN
VORBEREITUNGSZEIT 30 MINUTEN
BACKZEIT 45 MINUTEN

2 große Kochäpfel, etwa Boskop

Zucker für das Obst (nach Belieben) und zum Bestreuen

350 g Brombeeren

6–8 Scheiben altbackenes Weißbrot, ohne Rinde

150 g weiche Butter

BROMBEER-APFEL-CHARLOTTE

Die besten Brombeeren für Puddings und Desserts gibt es im Frühherbst – dann sind sie am saftigsten und haben noch nicht so viele Samen. Auch andere Beeren, wie Schwarze Johannisbeeren, eignen sich gut für diesen traditionellen englischen Pudding.

Die Äpfel schälen, entkernen und grob hacken. In einen großen Topf mit 1 EL Wasser geben und bei schwacher Hitze 10 Minuten sanft dünsten, bis die Äpfel weich sind, aber nicht zerfallen. Mit Zucker abschmecken, dann die Brombeeren hinzufügen, behutsam umrühren, sodass die Früchte nicht zerdrückt werden, und vom Herd nehmen.

Den Backofen auf 180 °C vorheizen.

Die Brotscheiben auf einer Seite gut mit Butter bestreichen. Eine Auflaufform (etwa 1 l Fassungsvermögen) mit zwei Dritteln der Brotscheiben auskleiden, mit der Butterseite nach unten und entsprechend zurechtgeschnitten. Die Form mit der Apfel-Brombeer-Mischung füllen. Das restliche Brot in Rechtecke schneiden und damit die Füllung abdecken, mit der Butterseite nach oben. Mit Zucker bestreuen. Den Auflauf in den Ofen schieben und 45 Minuten backen, bis die Brotschicht goldbraun und knusprig ist. Sofort mit Schlagsahne oder Vanillesauce servieren.

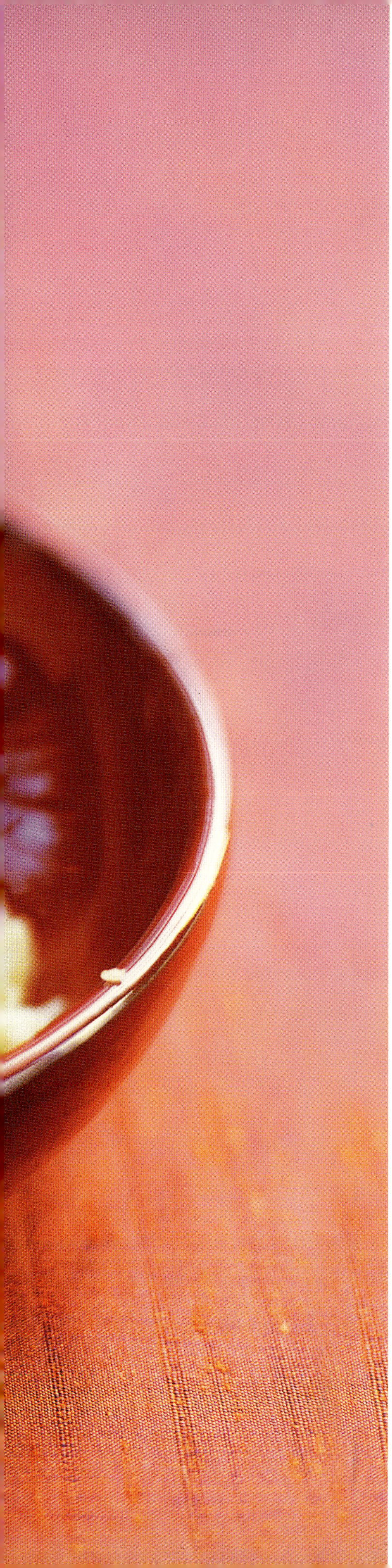

WINTER

Wenn es draußen kalt und grau ist, brauchen wir Essen voll Wärme und Behaglichkeit – langsam gegart und voller Gewürze und Aromen.

WINTER

ZUTATEN DER SAISON

SAFRAN Ein Hauch von diesem kostbaren Gewürz gibt jedem Gericht Duft und Farbe.

ZITRONENGRAS Das frische Aroma dieses asiatischen Krauts belebt schwere Gerichte.

INGWER Er gibt Wurzelgemüse und Wintersalaten eine pikante Note.

Eisige, schneereiche Winter gehören der Vergangenheit an. Nur noch selten wird es im Winter richtig kalt. Und wenn es einmal so ist, genießen Sie den Tag beim Kochen eines wärmenden Gerichts.

Beeinflussen die Temperaturen unsere Essgewohnheiten in dieser oft trüben Jahreszeit? Vielleicht weniger, als Sie denken. Nach der letzten Explosion herbstlicher Fruchtbarkeit treibt uns das Grau der Wintermonate an den tröstlichen heimischen Herd. Dunkle Nachmittage sind fürs Kochen wie geschaffen. Trotz aller Auswirkungen der globalen Erwärmung gehen wir im Winter noch immer ganz in unserem Zuhause auf.

Orangen und viele andere Zitrusfrüchte, Wurzelgemüse, Lauch und Knollensellerie, Rehfleisch oder Fasan und ganze Äcker voller unterschätzter Salate und Gemüse – das sind die Zutaten, die für mich untrennbar mit Winter verbunden sind. Backofen- und Schmorgerichte haben Hochsaison. Selbst die typischen Salate der kälteren Monate (wie Brunnenkresse, Chicorée oder Radicchio) sind eindeutiger präsent als ihre sanfteren Sommergeschwister.

Meine Emotionen führen mich direkt zu Eintöpfen, Saucen und vielleicht vor allem zu großen Suppenschüsseln – mit dicken pürierten Suppen, Suppen mit herzhaften Einlagen, klaren, gewürzten Brühen, in denen Gemüse und Hülsen-

CHILISCHOTEN Ihre Schärfe harmoniert mit süßen, sauren und salzigen Aromen.

ZIMT Dieses warme, holzige Gewürz passt großartig zu Wintergerichten.

BRUNNENKRESSE Ihre nährstoffreichen Blätter frischen jeden Wintersalat auf.

früchte schwimmen. Ich schmore Wurzelgemüse im Backofen mit ganzen Knoblauchzehen, Farbtupfern von rotem Chili, einem Schuss duftend frischem Olivenöl, Zweigen von winterhartem Thymian oder Rosmarin und grobem Meersalz, bis der Fruchtzucker in der Hitze karamellisiert und die Aromen auf wundersame Weise intensiviert werden. Das ist die beste Zeit für Kartoffelpürees und Bratkartoffeln, goldene Polenta und cremige Risotti als Seelennahrung.

Erst im Winter entdeckt man den unwiderstehlichen Charme der Kohlgerichte – von geschmortem und gedünstetem Weißkohl, leicht blanchiertem Grünkohl oder Frühkohl, aufgewärmt mit Knoblauch und Speck oder Zitrone als Kontrast, von den breiten Rippen von zartem Mangold in Sardellendressing, von Rosenkohlgratins und vielem mehr. Auch die Wärme der Gewürze spielt natürlich eine Rolle: Zimt Safran, Ingwer, Nelken und Muskatnuss sind aus der Winterküche nicht wegzudenken.

Wenn es denn eine Jahreszeit gibt, die einen geradezu in die Küche treibt, dann diese. Wo kann es behaglicher und tröstlicher sein, wenn es draußen grau und regnerisch ist oder gar weiße Schneeflocken vorm Fenster tanzen?

LAUCH-ZITRONENGRAS-SUPPE

FÜR 6 PERSONEN
VORBEREITUNGSZEIT 10 MINUTEN
GARZEIT 45 MINUTEN

1 1/2 kg Lauch, geputzt; die äußeren Blätter und das dunkle Grün wegwerfen

5 EL Olivenöl

3 Knoblauchzehen, geschält und grob gehackt

8 Stängel Zitronengras, in feine Scheiben geschnitten

2 große Kartoffeln, geschält und in Würfel geschnitten

1 1/2 Hühnerfond (Glas) oder Wasser

Salz und schwarzer Pfeffer aus der Mühle

300 g Sahne

ZUM GARNIEREN

in feine Streifen geschnittene Frühlingszwiebeln oder

feine Schnittlauchröllchen oder

Knoblauchcroûtons

Diese köstliche Suppe können Sie heiß oder gekühlt servieren. Garnieren Sie sie nach Lust und Laune beziehungsweise den Zutaten, die Sie zu Hause haben, etwa wie hier mit Frühlingszwiebeln.

Die Lauchstangen längs halbieren und gründlich unter fließendem kaltem Wasser waschen. In feine Ringe schneiden und in ein Sieb geben. Erneut abspülen und abtropfen lassen.

Das Olivenöl in einem großen Topf erhitzen. Den Knoblauch und das Zitronengras hinzufügen und 4 Minuten sanft dünsten. Die Kartoffelwürfel unterheben und etwa 8 Minuten bei schwacher Hitze unter Rühren braten, bis sie weich werden. Den Lauch dazugeben und in weiteren 7 Minuten weich dünsten.

Den Hühnerfond oder das Wasser angießen und mit Salz und Pfeffer abschmecken. Die Suppe zum Kochen bringen, die Hitze reduzieren und 25 Minuten köcheln lassen, bis das Gemüse sehr weich ist. Dann mit dem Pürierstab oder in der Küchenmaschine pürieren. Die Mischung durch ein Sieb in den Topf zurückgießen. Abschmecken und die Sahne unterrühren.

Die Suppe kurz vor dem Servieren erneut erhitzen und anrichten.

SAISON hat ...

ZITRONENGRAS
Dieses asiatische Süßgras, in Asienläden frisch oder als Pulver erhältlich, ist eine wichtige Zutat in der südostasiatischen Küche. Sein Name verweist auf den ausgeprägten Zitrusduft, es hat aber auch Ingwer- und Grasnoten. Für Salate, Suppen oder Fischgerichte ziehen Sie die zähe äußere Schicht ab, zerdrücken den Stängel und verwenden ihn ganz, gewürfelt oder in Scheiben geschnitten. Ganze Stücke vor dem Servieren entfernen.

FÜR 6 PERSONEN
VORBEREITUNGSZEIT 10 MINUTEN, PLUS EINWEICHZEIT
GARZEIT 45 MINUTEN

350 g geschälte rote Linsen

3 EL Öl

4 Scheiben gekochter Schinkenspeck, in feine Würfel geschnitten

2 Zwiebeln, geschält und feingewürfelt

3 Möhren, geschält und in feine Würfel geschnitten

3 Stangen Sellerie, in feine Würfel geschnitten

2 Knoblauchzehen, geschält und grob gehackt

1 Lorbeerblatt

3 Stängel Petersilie

Salz und schwarzer Pfeffer aus der Mühle

Schnittlauchröllchen zum Garnieren

SCHOTTISCHE LINSENSUPPE

Eine wärmende Schüssel Linsensuppe schmeckt köstlich mit knusprigem Brot, Obst und Käse. Aber auch ein Schinkensandwich ist ein hervorragender Begleiter.

Die Linsen in einem Sieb unter kaltem Wasser waschen. In einer Schüssel 30 Minuten in warmem Wasser einweichen.

Das Öl in einem großen Topf erhitzen und den Speck darin anbraten. Gemüse und Knoblauch hinzufügen und unter Rühren etwa 10 Minuten dünsten. Die Linsen abgießen und mit Petersilie, Lorbeer und 1 1/2 l Wasser zum Gemüse geben. Die Linsen zum Kochen bringen und etwa 30 Minuten sanft köcheln lassen, bis sie ganz weich sind. Hin und wieder den Schaum abschöpfen.

Petersilie und Lorbeer herausnehmen und die Suppe mit dem Pürierstab pürieren. Abschmecken. Vor dem Servieren wieder erhitzen und mit Schnittlauch garnieren.

FÜR 4 PERSONEN
VORBEREITUNGSZEIT 10 MINUTEN
GARZEIT 25 MINUTEN

3 EL Olivenöl

1 Zwiebel, geschält und gehackt

2 Dosen Butterbohnen (Wachsbohnen; à 400 g), abgegossen und gespült

200 g Kartoffeln, geschält und in 2 cm große Würfel geschnitten

3/4 l Hühnerfond (Glas)

1 EL Pesto (Glas), plus Pesto zum Anrichten

Salz und schwarzer Pfeffer aus der Mühle

BOHNENSUPPE MIT PESTO

Diese köstlich schlichte cremige Suppe bekommt durch das Basilikumpesto eine mediterrane Note.

Das Öl in einem großen Topf bei mittlerer Hitze heiß werden lassen. Die Zwiebel darin leicht andünsten. Die Bohnen, die Kartoffelwürfel und den Fond hinzufügen. Zum Kochen bringen, die Hitze reduzieren und alles offen 20 Minuten köcheln lassen, bis die Kartoffeln weich sind. Das Pesto gut unterrühren.

Die Suppe gut pürieren. Mit Salz und Pfeffer abschmecken und behutsam erhitzen. Zum Anrichten etwas Pesto mit ein wenig Olivenöl verdünnen und über die Suppe in vorgewärmten Schüsseln träufeln.

FÜR 4–6 PERSONEN
ZUBEREITUNGSZEIT 35 MINUTEN, PLUS ABKÜHLZEIT

8 unbehandelte Navelorangen

1 Granatapfel

150 g Zucker

1 Hand voll kleine Minzeblätter

ORANGEN-GRANATAPFEL-SALAT MIT MINZE

Dieser farbenfrohe und aromatische Salat in einem Dressing aus Orangenschalensirup und Minze lässt sich auch als süße Vorspeise oder als Dessert servieren.

Die Schale von 2 Orangen ohne die weiße Innenhaut vorsichtig abschälen. Die Schalen in streichholzdünne Streifen schneiden. In einen kleinen Topf geben und mit kaltem Wasser bedecken. Zum Kochen bringen, sofort abgießen und die Schalen erneut mit frischem kaltem Wasser bedecken. Wieder zum Kochen bringen und 25 Minuten köcheln lassen, bis die Schalen weich sind. Abgießen und beiseite stellen.

In der Zwischenzeit mit einem scharfen Messer das obere und untere Ende von allen Orangen abschneiden. Dann die Schale samt der weißen Innenhaut abschneiden. Die Orangen quer in dünne Scheiben schneiden, in eine flache Schale legen und den ausgetretenen Saft darüber gießen.

Den Granatapfel aufschneiden und die saftigen roten Kerne sorgfältig mit einem Teelöffel herauslösen, dabei den austretenden Saft auffangen. Die hellen Samenscheidehäutchen wegwerfen, da sie bitter schmecken. Die Granatapfelkerne über die Orangen streuen und den Saft darüber geben.

Den Zucker und 150 ml Wasser in einen kleinen Topf mit schwerem Boden geben. Erhitzen und bei schwacher Hitze rühren, bis sich der Zucker aufgelöst hat, dann zum Kochen bringen und die blanchierten Orangenschalen hinzufügen. 5 Minuten lebhaft köcheln lassen, bis die Orangenschalen durchsichtig aussehen. Vom Herd nehmen und über die Orangen gießen. Sobald die Orangen abgekühlt sind, die Minzeblätter darüber streuen und den Salat bis zum Servieren kalt stellen.

SALAT MIT FETA, ORANGEN UND BRUNNENKRESSE

FÜR 4 PERSONEN
ZUBEREITUNGSZEIT 25 MINUTEN, PLUS ABKÜHLZEIT

4 große Orangen, geschält und in Spalten geschnitten

400 g Feta, in Würfel geschnitten oder zerbröckelt

2 große Bund Brunnenkresse, in einzelne Stängel zerzupft

FÜR DIE GERÖSTETEN MANDELN

Öl für das Blech

3 EL Butter

150 g Mandelblättchen

3 EL Honig

1 Prise Salz

FÜR DAS DRESSING

5 EL bestes Olivenöl

1 EL Sherryessig

1 Prise Zucker

Salz und schwarzer Pfeffer aus der Mühle

Marinieren Sie zerkleinerten Feta-Käse einige Tage in Olivenöl mit 2 Zweigen Thymian und ein paar schwarzen Pfefferkörnern – so wird er noch aromatischer.

Für die Mandeln ein Backblech leicht einölen. Die Butter bei mittlerer Hitze zerlassen. Die Mandeln darin etwa 1 Minute rösten, bis sie Farbe annehmen. Honig und Salz unterrühren und 2–3 Minuten rösten, bis die Mandeln goldbraun sind und der Honig karamellisiert ist. Die Mandeln in einer dünnen, gleichmäßigen Schicht auf dem Blech ausbreiten. Erstarren lassen, dann in grobe Stücke brechen.

Für das Dressing Öl, Essig und Zucker mit dem Schneebesen verrühren, mit Salz und Pfeffer abschmecken.

Die Orangenspalten mit dem Feta-Käse und der Brunnenkresse in eine große Schüssel geben und mit dem Dressing mischen. Den Salat auf 4 Teller verteilen, die Mandelstücke darüber streuen und sofort servieren.

SAISON hat ...

BRUNNENKRESSE

Die pikante, knackige Brunnenkresse ist voller Vitamine (C, K und A) sowie reich an Spurenelementen (Eisen, Kalium, Kupfer und Kalzium). Die pfeffrigen Öle in den Blättern verleihen Brunnenkresse einen senfartigen Geschmack. Sie kann bis zu 2 Tage in einer Plastiktüte im Kühlschrank aufbewahrt werden, schmeckt aber am besten bald nach dem Kauf.

FÜR 6 OFENFESTE FÖRMCHEN
À 150 ML INHALT
VORBEREITUNGSZEIT 45 MINUTEN
GARZEIT 2 1/2 STUNDEN,
PLUS ABKÜHLZEIT

100 g weiche Butter

6 Zweige Thymian

1 unbehandelte Zitrone, halbiert

2 küchenfertige Fasane, innen und außen trockengetupft

frisch geriebene Muskatnuss

Cayennepfeffer

Salz und schwarzer Pfeffer aus der Mühle

100 g geräucherter Schinken, vom Fett befreit

FÜR DEN ÜBERZUG

500 g Butter

ZUM GARNIEREN

Thymianzweige

Zitronenschale, in feine Streifen geschnitten

FASANENTERRINE

Eine großartige Verwendung für ältere, etwas zähe Fasane.

Den Backofen auf 140 °C vorheizen. In jeden Fasan 1 kleines Stück Butter, 3 Thymianzweige und 1/2 Zitrone geben. Die Fasane mit Muskat, Cayennepfeffer, Salz und Pfeffer einreiben. In einen Bräter legen und die restliche Butter darüber verteilen. Im Ofen zugedeckt gut 2 Stunden braten; mehrmals wenden und mit Butter beträufeln. Abkühlen lassen. Ein Sieb mit einem feuchten Baumwollstoff auslegen. Die Butter für den Überzug zerlassen. Wenn sie aufschäumt, durch das Sieb in einen Topf gießen. Wenn sie fest wird, erneut zerlassen. Das Fleisch von den abgekühlten Fasanen ablösen; Knochen, Haut, Fett und Sehnen wegwerfen. Schinken und Fleisch im Blitzhacker zerkleinern. Würzen und mit zwei Dritteln der zerlassenen Butter im Blitzhacker zu einer groben Paste verarbeiten. In die Formen verteilen. Die Paste hineindrücken, die restliche Butter in einer dünnen Schicht darüber gießen. Wenn die Terrine fest ist, zugedeckt kühl stellen. Bis zu 4 Tage im Kühlschrank aufbewahren. Mit Thymian und Zitronenschale garnieren.

FÜR 6 PERSONEN
ZUBEREITUNGSZEIT 1 STUNDE

250 g kleine Schalotten, geschält

4 EL Olivenöl

Salz und schwarzer Pfeffer aus der Mühle

ein paar Zweige frischer Thymian

2 große Pastinaken, geputzt und geschält

Sonnenblumenöl zum Frittieren

250 g geräucherter Schinkenspeck, in Würfel geschnitten

1 Bund Brunnenkresse, gewaschen und in kleine Stängel zerzupft

200 g gemischte Blattsalate, wie Endivie und Radicchio

FÜR DIE VINAIGRETTE

1 EL alter Balsamico-Essig

2 EL bestes Olivenöl

SALAT MIT SPECK UND PASTINAKENCHIPS

Für diesen köstlichen Wintersalat werden Pastinakenchips mit Brunnenkresse und süßen gerösteten Schalotten gemischt. Servieren Sie ihn als Vorspeise, solange der Speck und die Schalotten noch warm sind.

Den Backofen auf 180 °C vorheizen. Die Schalotten in einer kleinen ofenfesten Pfanne mit 1 EL Olivenöl mischen. Würzen, die Thymianzweige dazugeben und mit Alufolie zugedeckt im Ofen 1 Stunde schmoren. Die Schalotten sollten schmelzend weich und goldfarben sein. Wenn sie etwas mehr Farbe brauchen, die Folie entfernen.

Die Pastinaken über einer großen Schüssel mit Wasser mit einem Gemüsehobel längs in dünne Scheiben schneiden. Abgießen, unter fließendem kaltem Wasser abspülen und in einer Salatschleuder oder mit einem sauberen Geschirrtuch trocknen.

Das Sonnenblumenöl in einer Fritteuse auf 190 °C erhitzen. Portionsweise die Pastinakenscheiben darin etwa 1 Minute frittieren, bis sie goldbraun und knusprig sind. Herausnehmen, auf Küchenpapier abtropfen lassen und in eine große Schüssel geben. Die frittierten Scheiben leicht salzen.

Das restliche Olivenöl in einer Pfanne erhitzen. Den Speck darin knusprig und goldbraun braten. Herausnehmen und auf Küchenpapier abtropfen lassen.

Für das Dressing den Balsamico-Essig in eine kleine Schüssel geben und langsam mit dem Olivenöl zu einer dicken Emulsion verschlagen. Mit Salz und Pfeffer abschmecken. Die Brunnenkresse und die Salatblätter waschen, abtrocknen und in eine große Schüssel geben. Den warmen Speck und die warmen Schalotten hinzufügen und mit der Vinaigrette mischen. Die Pastinakenchips unterheben und den Salat auf 6 Teller verteilen. Sofort servieren.

SAISON haben ...

PASTINAKEN
Diese beigefarbenen Wurzeln haben ein überraschend süßes und robustes Aroma, das sich mit Gewürzen wie Chili, Koriander, Kümmel und Ingwer erst richtig entfaltet. Beim Braten wird die Süße der Pastinaken intensiver, sodass sie perfekt zu leicht bitteren Wintersalaten passen. Pastinaken braten und längs in Viertel schneiden. Größere Wurzeln haben einen zähen Kern, der herausgeschnitten werden muss.

BLUMENKOHLTAPA

FÜR 4 PERSONEN ALS VORSPEISE
VORBEREITUNGSZEIT 20 MINUTEN
MARINIERZEIT 1–2 STUNDEN
GARZEIT 10 MINUTEN

1 Blumenkohl, geputzt und in kleine Röschen zerteilt

FÜR DAS DRESSING

3 EL Sherryessig

4 EL Olivenöl

1 Knoblauchzehe, geschält und fein gehackt

2 EL fein gehackte frische Majoran- oder Petersilienblätter

2 EL gefüllte Oliven, in Scheiben geschnitten

Salz

schwarzer Pfeffer aus der Mühle oder getrocknete Chiliflocken

ZUM ANRICHTEN

2 EL Olivenöl

2 EL Semmelbrösel

60 g Serrano-Schinken, in kleine Würfel geschnitten (nach Belieben)

1 TL Sherryessig

1 EL Paprikapulver, edelsüß

Die Sherryerzeuger von Jerez verwenden gern ihren Essig im Dressing für diese Wintertapas. Die knusprig aromatischen Brösel sind ein köstlicher Kontrast zum Blumenkohl.

Die Blumenkohlröschen in einem großen Topf in leicht gesalzenem Wasser 5–6 Minuten kochen, bis sie weich, aber nicht zerkocht sind. Gut abtropfen lassen.

Alle Zutaten für das Dressing in einer großen Schüssel mischen. Den noch warmen Blumenkohl hinzufügen und behutsam mit dem Dressing überziehen. 1–2 Stunden beiseite stellen, damit der Blumenkohl die Aromen des Dressings aufnimmt.

Zum Anrichten das Olivenöl in einem kleinen Topf heiß werden lassen. Die Semmelbrösel darin 1–2 Minuten unter Rühren anbraten, sodass sie gleichmäßig braun werden. Die Schinkenwürfel dazugeben (nach Belieben), den Topf vom Herd nehmen, alles mit Essig beträufeln und mit Paprika bestreuen. Den Topfinhalt über dem Blumenkohl verteilen. Sofort servieren, vielleicht mit einem Glas Amontillado-Sherry.

SAISON hat ...

BLUMENKOHL

Anders als seine Verwandten aus der Familie der Kohlgemüse wird Blumenkohl nicht wegen seiner Blätter, sondern wegen seiner Blüten geschätzt. Er kann roh, in einem Salat oder mit einem pikanten Dip gegessen werden. Gekocht harmoniert er wunderbar mit hartem Käse wie Parmesan, entweder in einer Sauce oder gratiniert und mit knusprigen Böseln bedeckt. Nehmen Sie Köpfe mit dicht stehenden, sahnig weißen Röschen.

BLÄTTERTEIGTÖRTCHEN MIT LAUCH UND KÄSE

FÜR 6 PERSONEN
VORBEREITUNGSZEIT 40 MINUTEN
BACKZEIT 20 MINUTEN

750 g tiefgekühlter Blätterteig, aufgetaut

300 g Lauchstangen, geputzt und gewaschen

50 g Butter

2 TL Honig

1 TL gehackte Rosmarinblätter

Salz und schwarzer Pfeffer aus der Mühle

200 g fester Blauschimmelkäse, etwa Danablu

1 Ei, verquirlt

Mehl zum Arbeiten

Hier wird ein möglichst harter Blauschimmelkäse zusammen mit zartem Lauch zu einer Füllung für Blätterteigtörtchen verarbeitet. Servieren Sie sie mit einem pikanten Fruchtchutney als köstliches Mittagessen.

Den Blätterteig auf einer bemehlten Arbeitsfläche ausbreiten, etwas ausrollen und mithilfe einer kleinen Untertasse als Schablone 12 Scheiben von etwa 12 cm Durchmesser ausschneiden. Die Scheiben kühl stellen, während die Füllung zubereitet wird.

Die Lauchstangen in dünne Ringe schneiden. Die Butter in einem Topf bei mittlerer Hitze zerlassen, die Lauchringe hinzufügen und etwa 10 Minuten dünsten, bis sie weich sind, aber keine Farbe angenommen haben. Den Honig und den Rosmarin unterrühren. Mit Salz und Pfeffer abschmecken und abkühlen lassen. Den Käse zerbröckeln und mit der Lauchmischung verrühren.

Den Backofen auf 200 °C vorheizen.

6 Blätterteigscheiben auf ein kalt abgespültes Backblech legen und die Lauchmischung gleichmäßig darauf verteilen, mit einem Löffel in der Mitte zu einem kleinen Hügel anhäufen, dabei einen etwa 1 cm breiten Rand lassen. Die Ränder mit dem Ei bestreichen und die restlichen Scheiben auf die Füllung legen. Die Teigtaschen an den Rändern zusammendrücken, sodass sie verschlossen sind. Von der Mitte aus mit einem spitzen Messer ein Muster einritzen, ohne durch den Teig zu schneiden. Die Taschen mit Ei bepinseln.

Die Taschen im Ofen etwa 20 Minuten backen, bis sie aufgegangen und goldbraun sind. Heiß oder warm mit einem pikanten Fruchtchutney servieren. Die Teigtaschen kann man auch prima aufwärmen.

FÜR 6 PERSONEN ALS BEILAGE
VORBEREITUNGSZEIT 10 MINUTEN
GARZEIT 12 MINUTEN

500 g Tofu

Sonnenblumenöl zum Frittieren

1 EL fein gehackter frischer Ingwer

3 Knoblauchzehen, geschält und in feine Scheiben geschnitten

1 TL rote Chiliflocken (nach Belieben)

5 Frühlingszwiebeln, geputzt und in feine Ringe geschnitten

2 EL Sojasauce

1 1/2 EL Weißweinessig

WÜRZIGER GEBRATENER TOFU

Servieren Sie dieses knusprige, innen weiche Tofugericht als Teil einer chinesischen Mahlzeit. Es passt gut zu gedämpftem Fisch und pfannengerührtem Gemüse.

Den Tofu abtropfen lassen und mit Küchenpapier trockentupfen, dann in 2 cm große Würfel schneiden. Die Würfel nochmal abtrocknen.

Das Öl in einer Fritteuse auf 200 °C erhitzen. Oder reichlich Öl in einer großen, schweren Pfanne bei starker Hitze heiß werden lassen, bis ein Brotwürfel darin in wenigen Sekunden goldbraun wird. Vorsichtig die Hälfte der Tofuwürfel ins Öl geben – sie werden lebhaft aufschäumen. 4–5 Minuten frittieren, dabei die Würfel behutsam vom Frittierkorb oder der Pfanne lösen. Nach und nach steigen sie zur Oberfläche auf, und das Aufschäumen lässt nach . Mit einem Schaumlöffel die knusprigen, goldbraunen Tofuwürfel aus dem Öl heben und in einem Sieb über einer Schüssel abtropfen lassen. Das Ganze mit der zweiten Portion Würfel wiederholen.

Einen Wok bei mittlerer Hitze heiß werden lassen und 1 EL Sonnenblumenöl hineingeben. Den Ingwer, den Knoblauch und die Chiliflocken (nach Belieben) hinzufügen und nach ein paar Sekunden den frittierten Tofu unterrühren, anschließend die Frühlingszwiebeln, die Sojasauce und den Essig. Servieren, sobald die Sauce aufgesogen und der Tofu heiß ist.

SAISON hat ...

TOFU

Tofu ist eine wichtige Zutat der chinesischen und japanischen Küche und wird aus pürierten Sojabohnen bereitet. Der weiche, weiße Tofu wird meist in Salzlake angeboten und hält sich ungeöffnet im Kühlschrank 1–2 Wochen. Da Sojabohnen reich an Eiweiß und sehr fettarm sind, ist Tofu überaus nahrhaft und eine ausgezeichnete Zutat für herzhaft-würzige Gerichte.

RAJAS POBLANAS

FÜR 4 PERSONEN
ZUBEREITUNGSZEIT 40 MINUTEN

8–12 große, mäßig scharfe Chilischoten, etwa rote Peperoni

300 g bröckeliger weißer Käse, etwa Feta oder Schafkäse, in kleine »Finger« geschnitten

400 g Sahne

Salz und schwarzer Pfeffer aus der Mühle

Ein sehr mexikanisches Chiligericht, das dort jeder auf seine Weise zubereitet.

Den Backofen auf 220 °C vorheizen. Die Chilischoten abwischen und im Ofen rösten, bis die Haut Blasen bildet und etwas schwarz wird. 10 Minuten in eine Plastiktüte geben, sodass sich die Haut löst, dann schälen. Die 4 schönsten Schoten seitlich aufschlitzen und je 1 Käsefinger hineindrücken. Die restlichen Schoten von den Samen befreien und in Streifen schneiden – das sind die Rajas.

Den Grill anstellen. Die ganzen Schoten in eine Auflaufform legen und die Lücken mit den Chilistreifen füllen. Den restlichen Käse darüber krümeln und mit der Sahne aufgießen. Mit Salz und Pfeffer würzen. Unter den Grill schieben, bis das Gericht köstlich braun ist. Kochend heiß servieren, mit weichen Tortillas zum Auftunken der Sauce und vielleicht einem Gläschen eiskalten Tequila zur Verdauung.

SAISON haben ...

CHILISCHOTEN

Chilischoten verdanken ihre Schärfe dem Alkaloid Capsaicin, das unterschiedlich stark in den zahlreichen Chilisorten enthalten ist. Beim Kauf frischer roter oder grüner Chilis auf eine glänzende, feste Haut ohne Flecken achten. Getrocknete Schoten, die es ganz, gemahlen oder in Flocken gibt, sollten eine leuchtend intensive Farbe aufweisen.

FÜR 8–10 PERSONEN
VORBEREITUNGSZEIT 15 MINUTEN
GARZEIT 1 1/2–2 STUNDEN, PLUS ABKÜHLZEIT

1 1/2–2 kg gepökelte Schweinekeule mit Schwarte (beim Metzger vorbestellen)

2 EL flüssiger Honig

2 EL Sherry

1 EL brauner Zucker

GEBRATENER SCHINKEN

»Honey-roast Ham« ist ein typisches englisches Gericht, das dort aus einem ganzen Schinken mit Knochen zubereitet wird.

Den Backofen auf 180 °C vorheizen. Ein großes Stück Alufolie in einen Bräter legen. Das Fleisch mit der Schwarte nach oben darauf setzen und in die Folie nicht zu fest einwickeln. In den Ofen schieben und braten (etwa 25 Minuten pro 500 g).

Das Fleisch aus dem Ofen nehmen und die Hitze auf 200 °C erhöhen. Vorsichtig die Folie öffnen und die Schwarte abschneiden. In die Fettschicht mit einem scharfen Messer ein Rautenmuster einritzen. Honig, Sherry und Zucker mischen und auf das Fett streichen. Das Fleisch wieder mit der Folie abdecken, aber die Fettschicht offen lassen, das Fleisch in den Ofen schieben und 20 Minuten backen, bis die Kruste goldbraun ist. Vor dem Anschneiden abkühlen und ruhen lassen.

FÜR 4 PERSONEN
VORBEREITUNGSZEIT 25 MINUTEN
GARZEIT 2 STUNDEN

1 EL Sonnenblumenöl

1 kg Schweineschulter, ohne Schwarte

2 EL fein gehackter Ingwer

2 Knoblauchzehen, geschält und fein gehackt

1 TL grob zerdrückter Sichuan-Pfeffer (Asienladen) oder schwarzer Pfeffer

1 TL Fünf-Gewürze-Pulver (Asienladen)

2 EL Reiswein- oder Weißweinessig

2 EL brauner Zucker

6 EL Hoisinsauce (Asienladen)

4 EL Sojasauce

6–8 Schalotten oder kleine Zwiebeln, geschält und längs halbiert

3–4 große Möhren, geschält und in gleichmäßige Stücke geschnitten

8 Shiitake-Pilze (getrocknete Pilze in kochendem Wasser einweichen)

2 kleine Köpfe Pak Choi (Blätterkohl; Asienladen), abgespült, geputzt und längs geviertelt

SCHWEINEFLEISCH NACH SICHUAN-ART

Ein einfaches Eintopfgericht aus der chinesischen Provinz Sichuan. Schweinefleisch und Kohl sind eine besonders gute Kombination. Wenn Sie keinen Pak Choi bekommen, können Sie ihn auch durch Chinakohl oder Mangold ersetzen.

Den Backofen auf 160 °C vorheizen.

Das Öl in einem Wok oder einer großen Pfanne erhitzen, das Schweinefleisch hineinlegen und so lange braten, bis es etwas Farbe annimmt. In einen großen Bräter geben. Den Ingwer und den Knoblauch im heißen Bratfett kurz anbraten, dann den Pfeffer, das Fünf-Gewürze-Pulver, den Essig, den Zucker, die Hoisin- und die Sojasauce sowie 6 EL Wasser hinzufügen und die Mischung aufkochen lassen. Die Schalotten, Möhren und Pilze um den Schweinebraten im Bräter verteilen, die heiße Sauce aus der Pfanne darüber gießen, den Bräter gut zudecken und in den Ofen schieben. 1 1/2–2 Stunden schmoren, bis das Fleisch ganz zart ist.

30 Minuten vor dem Ende der Schmorzeit die Pak-Choi-Viertel hinzufügen. Mit ein wenig Salz abschmecken – das Gericht sollte nicht zu sehr gesalzen werden. Wenn das Fleisch gar ist, auf eine große Platte geben und vor dem Anschneiden 10 Minuten ruhen lassen. Mit dem Gemüse und der Bratensauce servieren, dazu weißen Reis reichen.

FÜR 6 PERSONEN
VORBEREITUNGSZEIT 35 MINUTEN
MARINIERZEIT 1–4 STUNDEN
GARZEIT 40 MINUTEN

6 Putenschnitzel, je etwa 150 g

1 1/2 TL gehackter frischer Thymian

2 Hand voll Petersilienblätter, fein gehackt

abgeriebene Schale von 3 unbehandelten Zitronen

7 EL bestes Olivenöl

Salz und schwarzer Pfeffer aus der Mühle

FÜR DIE ORANGEN-PREISELBEER-SAUCE

400 g Preiselbeeren

Saft und abgeriebene Schale von 2 unbehandelten Orangen

4 EL Portwein

170 g brauner Zucker

FÜR DIE SAUCE

1 EL Mehl

150 ml trockener Weißwein

400 ml Hühnerfond (Glas)

PUTE MIT ORANGEN-PREISELBEER-KOMPOTT

In Zitronenschale, Kräutern und Olivenöl marinierte, kurz gebratene Putenschnitzel werden mit frisch gekochten Preiselbeeren serviert. Perfekte Beilagen sind mit einem Hauch Zimt gebratene Pastinaken oder Grünkohl mit Speck.

Die Putenschnitzel zwischen zwei Blatt Frischhaltefolie legen und vorsichtig flach klopfen. Thymian, Petersilie, Zitronenschale und 5 EL Olivenöl mischen und mit Pfeffer aus der Mühle würzen. Die Putenschnitzel in der Kräuter-Öl-Mischung wenden. Zugedeckt mindestens 1 Stunde (bis zu 4 Stunden) kühl stellen.

Für das Kompott die Preiselbeeren, Orangensaft und -schale sowie den Portwein in einen kleinen Topf geben. Zum Kochen bringen und offen 10 Minuten köcheln lassen, bis die Preiselbeeren aufplatzen. Den Zucker hinzufügen und bei schwacher Hitze köcheln lassen, dabei rühren, bis sich der Zucker aufgelöst hat. Erneut 5–8 Minuten sanft köcheln lassen, bis das Kompott leicht andickt. Vom Herd nehmen. Es schmeckt am besten, wenn es lauwarm ist.

Eine große beschichtete Pfanne bei mäßiger Hitze heiß werden lassen. Das restliche Öl hineingeben. Die Putenschnitzel aus der Marinade nehmen und großzügig mit Salz und Pfeffer würzen. Portionsweise in der Pfanne auf jeder Seite etwa 1 Minute braten, bis sie innen nicht mehr rosa sind. Herausnehmen und warm halten.

Für die Sauce das Mehl im Bratensatz in der Pfanne 1 Minute anrösten, dann den Wein unterrühren, anschließend mit dem Fond aufgießen. Lebhaft aufkochen lassen, bis die Sauce eindickt. Durch ein Sieb in eine vorgewärmte Sauciere gießen und mit den Putenschnitzeln und den Preiselbeeren servieren.

SAISON haben ...

ORANGEN
Das saftige süßsaure Fleisch und die ölhaltige Schale von Orangen harmonieren besonders mit Wintergerichten und -getränken. Orangen passen gut zu Eintöpfen, Schmorgerichten und Salaten sowie zu Saucen. Natürlich beleben sie Desserts und sorgen für Duftnoten in Glühwein. Alle Orangen, auch unbehandelte und die vom Bioerzeuger, sollten vor der Verwendung abgeschrubbt werden, und nur ganz frisch gepresster Saft behält sein Aroma.

FÜR 4–6 PERSONEN
VORBEREITUNGSZEIT 15 MINUTEN
GARZEIT 1 1/4 STUNDEN

1 küchenfertiges Brathähnchen, etwa 1 1/2 kg

2 große Zwiebeln, geschält und in feine Ringe geschnitten

1 Salzzitrone (Orientladen), in Stücke geschnitten (oder 1 frische unbehandelte Zitrone, klein gehackt)

20 g Butter

1/2 TL Safranfäden, in einer Pfanne ohne Fett leicht geröstet

1/2 Zimtstange

12 grüne Oliven (vorzugsweise entkernt und in Salzlake)

Salz und schwarzer Pfeffer aus der Mühle

30 g Rosinen oder Dörrpflaumen, entkernt und gehackt

1–2 große Kartoffeln, geschält und in Würfel geschnitten

1 Dose Kichererbsen (400 g), abgespült und abgetropft

ZUM ANRICHTEN

500 g Instant-Couscous

1–2 EL Harissa-Paste (türkischer Feinkostladen)

HUHN MIT ZITRONE UND HARISSA

Ein in einer aromatischen Brühe gekochtes Huhn, mit Safran gefärbt und mit Zitrone, Zimt und Oliven aromatisiert, wird mit einer Harissa-Sauce serviert.

Das Hähnchen waschen und abtrocknen. Die Zwiebeln und die eingelegten Zitronenstücke (oder die gehackte Zitrone) in eine feuerfeste Auflaufform geben. Das Hähnchen darauf setzen, mit Butterstückchen belegen und so viel Wasser auffüllen, dass das Hähnchen zur Hälfte darin liegt. Den Safran, die Zimtstange und die Oliven hinzufügen und mit Salz und Pfeffer abschmecken. Zum Kochen bringen, die Hitze reduzieren und zugedeckt 30 Minuten sanft köcheln lassen. Die Rosinen oder Dörrpflaumen, die Kartoffeln und die Kichererbsen dazugeben. Weitere 30 Minuten köcheln lassen, bis das Huhn goldbraun und absolut zart ist, dabei nötigenfalls etwas kochendes Wasser nachgießen, damit das Gericht nicht zu trocken wird. Abschmecken.

Den Couscous in 1/2 l kochendes Salzwasser rühren und 6–8 Minuten quellen lassen. Mit einer Gabel auflockern.

Für die Harissa-Sauce 1 Schöpfkelle heiße Brühe aus der Auflaufform mit der Harissa-Paste verrühren. In eine Sauciere oder eine kleine Schüssel geben.

Das Huhn tranchieren und in einzelnen Schüsseln auf dem Couscous zusammen mit den anderen Zutaten aus der Form und 1–2 EL Brühe anrichten. Die Harissa-Sauce getrennt reichen.

FÜR 3 PERSONEN
VORBEREITUNGSZEIT 15 MINUTEN
GARZEIT 1 STUNDE

6 Bratwürste

400 ml fruchtiger Rotwein, etwa Beaujolais Nouveau

50 g Butter

3–4 rote Zwiebeln, geschält und geviertelt

Sonnenblumenöl

500 g mehlige Kartoffeln, geschält und in Stücke geschnitten

Salz und schwarzer Pfeffer aus der Mühle

2–3 EL gehackte Petersilienblätter

BRATWURST MIT BEAUJOLAIS

Bratwurst mit Kartoffelbrei einmal auf französische Art: mit Beaujolais im Ofen geschmort. Sie können auch jeden anderen leichten Rotwein verwenden.

Den Backofen auf 200 °C vorheizen. Die Bratwürste mit einer Gabel anstechen und in einen kleinen Bräter legen. Den Beaujolais angießen, sodass die Würste zur Hälfte darin liegen. Die Würste mit der Hälfte der Butter belegen. Die Zwiebeln in eine separate Auflaufform geben und mit Öl beträufeln. Beides in den Ofen schieben, die Zwiebeln unter die Würste, und 1 Stunde braten, dabei die Würste häufig mit dem Bratensaft begießen.

Etwa 15 Minuten, bevor die Würste fertig sind, die Kartoffeln in leicht gesalzenem Wasser kochen, abgießen und leicht zerdrücken. Die restliche Butter, die Petersilie und etwas Pfeffer zu den Kartoffeln geben und mit einer Gabel mischen. Die Würste auf dem Kartoffelbett mit den gerösteten Zwiebeln und der Weinsauce servieren.

FÜR 4 PERSONEN
VORBEREITUNGSZEIT 35 MINUTEN
GARZEIT 2 STUNDEN

600 g Rindfleisch aus der Oberschale, in dünne Scheiben geschnitten

25 g Vollkornmehl, mit Salz und Pfeffer gewürzt

30 g Butter

1 große Zwiebel, geschält und gehackt

350 ml dunkles Bier oder Malzbier

2 TL Zucker

2 EL Tomatenmark

400 ml Rinderfond (Glas)

1 TL Sojasauce

RIND IN BIERSAUCE

Rindfleisch in Bier zu schmoren, ist eine typisch britische Zubereitungsart. Hier bekommt das Gericht noch eine besondere Note – durch Sojasauce.

Die Fleischscheiben mit dem gewürzten Mehl bestäuben. 1 EL Butter in einer Pfanne bei mittlerer Hitze heiß werden lassen. Das Fleisch darin portionsweise anbraten, zwischendurch 1 weiteren EL Butter hinzufügen. Die gebräunten Fleischscheiben in einen großen Topf mit Deckel geben. Die restliche Butter in der Pfanne zerlassen und die Zwiebel darin glasig andünsten, dann in den Topf geben.

Das Bier mit Zucker, Tomatenmark, Fond und Sojasauce mischen. In die heiße Pfanne gießen und alle Bratrückstände lösen. Über das Fleisch gießen. Die Flüssigkeit sollte es gerade bedecken (eventuell noch etwas Fond hinzufügen). Zum Kochen bringen und zugedeckt 2 Stunden schmoren, entweder auf dem Herd bei schwacher Hitze oder im auf 160 °C vorgeheizten Backofen. Mit Salzkartoffeln servieren.

FÜR 4 PERSONEN
VORBEREITUNGSZEIT 25 MINUTEN
GARZEIT 1 3/4 STUNDEN

1 Stück Zimtstange (etwa 2 cm)

1 EL Koriandersamen

1 EL Kreuzkümmel

2 unbehandelte Zitronen

3 EL Olivenöl

15 g Butter

1 große Zwiebel, geschält und in feine Ringe geschnitten

400 g Pak Choi

1 Knoblauchzehe, geschält und in feine Würfel geschnitten

1 kg mageres Schweinefleisch, in Würfel geschnitten

1 EL Mehl

200 ml trockener Weißwein

Salz und schwarzer Pfeffer aus der Mühle

1 Lorbeerblatt

2 große Stängel Petersilie

2 Zweige Thymian

SCHWEINERAGOUT MIT KORIANDER UND ZITRONE

Zitronenschale verstärkt die Süße von geröstetem Zimt, Kreuzkümmel und Koriander in diesem von der portugiesischen Küche beeinflussten Schmorbraten. Ein ideales Winteressen. Dazu passt cremiges Kartoffelpüree.

Den Zimt, die Koriandersamen und den Kreuzkümmel in eine kleine Pfanne ohne Fett geben. Bei mäßiger Hitze unter Rühren heiß werden lassen, bis die Gewürze leicht dunkel werden und wunderbar zu duften beginnen. Vom Herd nehmen und in einer Gewürzmühle oder einem Mörser zu feinem Pulver zermahlen oder zerstoßen. Von 1 Zitrone 4 Streifen Schale abschneiden und fein schneiden.

Das Öl mit der Butter in einem Schmortopf bei mäßiger Hitze heiß werden lassen. Die Zwiebelringe darin unter Rühren goldbraun andünsten. Vom Pak Choi die weißen Stiele von den Blättern trennen und die Blätter in feine Streifen schneiden. Den Knoblauch und die weißen Stiele in die Pfanne geben und 3 Minuten dünsten, bis sie weich sind. Die Gewürze unterrühren und noch 1 Minute dünsten.

Die Hitze erhöhen und das Fleisch hinzufügen. Unter Rühren braten, bis sich die Fleischporen auf allen Seiten geschlossen haben, dann das Mehl untermischen. 1 Minute weiter schmoren, dann den Weißwein, Salz und Pfeffer, die Kräuter und die Zitronenschale dazugeben. Den Topf zudecken, die Hitze reduzieren und alles 1 3/4 Stunden sanft schmoren lassen.

Ein paar Minuten vor dem Servieren die fein geschnittenen Pak-Choi-Blätter in den Topf geben. Sobald sie zusammengefallen sind, den Topf vom Herd nehmen. Das Ragout auf vorgewärmten Tellern servieren und jeden Teller mit 1/2 in dünne Scheiben geschnittenen Zitrone garnieren.

FÜR 8 PERSONEN
VORBEREITUNGSZEITEN 1 STUNDE
GARZEIT FÜR DIE BRÜHE 4 STUNDEN
RUHEZEIT ÜBER NACHT
GRILLZEIT 15 MINUTEN

2 küchenfertige Enten

2 TL Meersalz

FÜR DIE SAUCE

2 Zwiebeln, geschält und gehackt

4 Knoblauchzehen, geschält und gehackt

4 Möhren, geschält und kleingeschnitten

4 Stangen Sellerie, gehackt

700 ml Rotwein

5 schwarze Pfefferkörner

Saft und fein geschnittene Schale von 1 unbehandelten Pomeranze (Bitterorange)

FÜR DIE HONIGGLASUR

$^1/_2$ TL gemahlener Zimt

4 EL Honig

Saft und fein geschnittene Schale von 1 unbehandelten Pomeranze (nach Belieben)

GEBRATENE GLASIERTE ENTE

Die Zubereitung der Ente braucht einige Zeit, aber das Gericht gelingt leicht, und das Ergebnis ist beeindruckend.

Den Backofen auf die höchste Stufe einstellen. Die Enten ringsum leicht einstechen. Das Salz in die Haut reiben und die Enten mit der Brust nach unten in einen Bräter legen. In den Ofen schieben und 10 Minuten braten, wenden und weitere 10 Minuten braten. Aus dem Ofen nehmen und abkühlen lassen.

Jede Ente in 4 Stücke tranchieren: das Brustfleisch von einer Seite abheben und mit der Keule in einem Stück abschneiden. Das Ganze auf der anderen Seite wiederholen. Nun die Keule von der Brust trennen, dabei die Flügel hinter dem ersten Gelenk abschneiden. Die Haut in einem Rautenmuster einritzen. Alles zugedeckt kühl stellen.

Die Karkassen grob hacken und in einem großen Topf bei schwacher Hitze auf den Herd stellen. Sobald alle Knochen gebräunt sind, das Gemüse für die Sauce unterrühren und weich schmoren. Den Wein, den Pfeffer und die Pomeranzenschalen (4 Streifen für die Sauce aufheben) hinzufügen, alles mit Wasser bedecken. Zum Kochen bringen und 4 Stunden köcheln lassen, bis die Flüssigkeit auf zwei Drittel reduziert ist, dabei den Schaum abschöpfen. Die Brühe durch ein Sieb in einen Topf gießen, abkühlen lassen und kühl stellen.

Am nächsten Tag die Zutaten für die Glasur mischen. Die Ententeile damit überziehen und zugedeckt kühl stellen.

In der Zwischenzeit den Grill bei mittlerer Hitze vorheizen. Die Entenkeulen mit der Hautseite nach oben 5 Minuten grillen. Dann die Brüste mit der Hautseite nach oben dazugeben und die Keulen wenden. Nochmal Glasur auftragen. Nach 5 Minuten alle Teile wenden, erneut glasieren und weitere 5 Minuten grillen. Die Keulen sind nun durchgebraten und die Brüste leicht rosa.

Gleichzeitig das Fett von der Brühe abheben und wegwerfen, die Brühe in einen kleinen Topf gießen. Die 4 übrigen Pomeranzenstreifen hinzufügen und lebhaft kochen lassen, bis die Brühe auf die Hälfte reduziert ist. Den Pomeranzensaft untermischen und kochen lassen, bis noch etwa 200 ml dunkelbraune Sauce übrig sind. Die Ententeile mit der heißen Sauce servieren.

SAISON haben ...

POMERANZEN

Die Mitte Dezember geernteten Pomeranzen (auch Bitterorangen oder Sevilla-Orangen genannt) schmecken roh zu bitter. Ihre Schale und ihr Saft ergeben, lange mit Zucker gekocht, eine herrliche Marmelade und verleihen Fleisch- und Fischgerichten eine pikante Note. Die Schale kann kandiert oder im Ofen getrocknet werden. Das Öl der Pomeranzen wird für Likör verwendet.

GRATINIERTER SCHELLFISCH

FÜR 4 PERSONEN
VORBEREITUNGSZEIT 10 MINUTEN
BACKZEIT 15–20 MINUTEN

750 g Schellfischfilet, gehäutet und in 4 Portionen geschnitten

2 EL Olivenöl

2 Schalotten, geschält und in feine Ringe geschnitten

Salz und schwarzer Pfeffer aus der Mühle

1 TL fein gehackte Estragonblätter

200 g Kirschtomaten, halbiert oder geviertelt

2 EL Kapern, abgegossen, abgespült und trockengetupft

200 g Crème fraîche

30 g frisch geriebener Parmesan

Dieses köstliche Gericht wird am besten goldbraun und brutzelnd serviert und mit cremigem Kartoffelbrei und gedünstetem Spinat genossen. Die Kombination von Estragon, Kirschtomaten und Kapern ist ein guter Ausgleich zur Reichhaltigkeit von Crème fraîche und Parmesan.

Den Backofen auf 220 °C vorheizen. In einer kleinen Pfanne 1 EL Öl erhitzen und die Schalotten darin sanft weich dünsten.

Mit dem restlichen Olivenöl ein Backblech einpinseln. Die Schalotten darauf verteilen, dann die Fischstücke leicht mit Salz und Pfeffer würzen und auf den Schalotten nebeneinander anordnen.

Den Estragon, die Tomaten und die Kapern darüber verteilen. Die Crème fraîche aufschlagen, damit sie flüssiger wird, und mit einem Löffel gleichmäßig über den Fisch geben. Alles mit dem Käse bestreuen.

Den Fisch im Ofen 15–20 Minuten backen, bis er gar und das Gericht goldbraun ist. Sofort servieren.

INGWER-LACHS

FÜR 4 PERSONEN
VORBEREITUNGSZEIT 15 MINUTEN, PLUS MARINIERZEIT
GARZEIT 15 MINUTEN

500 g Lachsfilet, in mundgerechte Stücke geschnitten

1 Stück frischer Ingwer (etwa 25 g), geschält

1 unbehandelte Zitrone

2 EL Olivenöl

100 g getrocknete Aprikosen, in feine Würfel geschnitten

400 g Couscous

Salz

2 EL gehacktes Koriandergrün

1/2 Gurke, in feine Würfel geschnitten

ZUM ANRICHTEN

eingelegter Ingwer

Romanasalatblätter

Hier bekommt frischer Lachs eine pikante Ingwernote.

Den Ingwer in einer Knoblauchpresse auspressen und den Saft auffangen. Die Zitrone auspressen, von einer Hälfte die Schale abreiben. Den Lachs mit dem Ingwersaft, 1 EL Öl und der Hälfte vom Zitronensaft mischen. An einem kühlen Ort gut 30 Minuten marinieren.

Den Backofen auf 50 °C einstellen. In einer Schüssel die Aprikosen mit dem Couscous mischen. Mit kochendem Wasser fingerbreit bedecken. 10 Minuten quellen lassen. Mit einer Gabel auflockern, Salz und das restliche Öl hinzufügen und mit etwas heißem Wasser anfeuchten. Mit Alufolie abdecken und im Ofen noch etwas quellen lassen.

Eine Grillpfanne vorheizen. Die Lachsstücke trockentupfen und auf Spieße stecken. 4–5 Minuten rundherum grillen. Restlichen Zitronensaft und die Bratrückstände zum Couscous geben. Koriander, Gurke und Zitronenschale unterrühren. Den Lachs auf dem Couscous anrichten. Mit eingelegtem Ingwer und Salatblättern servieren.

SAISON hat ...

INGWER

Ingwer ist eines der großartigsten Gewürze der Welt. Das getrocknete und gemahlene Rhizom wird zum Backen und Kochen verwendet, aber am wertvollsten in der Winterküche ist das frische Rhizom. Nehmen Sie Rhizome mit durchscheinender Haut und prallem Fleisch, keine verschrumpelten Exemplare.

FÜR 4 PERSONEN
VORBEREITUNGSZEIT 10 MINUTEN
GARZEIT 40 MINUTEN

1 1/2 EL Olivenöl

1 Zwiebel, geschält und fein gehackt

2 rote Paprikaschoten, von den Samen befreit und gehackt oder 4 eingelegte spanische Pimientos de Piquillo (gegrillte Paprika), gehackt

800 ml Fischfond (Glas)

1 TL Safranfäden

2 Knoblauchzehen, geschält und zerdrückt

300 g Paellareis

1/2 TL edelsüßes Paprikapulver

250 g gehackte Tomaten (Dose)

100 g tiefgefrorene junge Erbsen, aufgetaut

1 EL gehackte Petersilienblätter, plus Petersilie zum Garnieren

Salz und schwarzer Pfeffer aus der Mühle

300 g Schwertfischsteak, in Würfel geschnitten

200 g gegarte Riesengarnelen

PAELLA

Schwertfisch enthält viel Omega-3-Fettsäuren, aber auch Schwermetalle und sollte daher nicht zu oft gegessen werden. Ersetzen Sie ihn zum Beispiel durch Seeteufel.

Das Öl in einer Paellapfanne oder einer beschichteten Pfanne erhitzen. Zwiebeln und Paprikaschoten 10 Minuten bei mittlerer Hitze weich dünsten (Piquillo-Schoten später hinzufügen). Den Fischfond mit dem Safran aufkochen lassen.

Knoblauch, Reis und Paprikapulver zu den Zwiebeln geben. 1 Minute umrühren. Die Tomaten unterrühren. Erbsen, Petersilie und Fond (und jetzt die Piquillos) hinzufügen. Abschmecken und offen 15–20 Minuten köcheln lassen, bis der Reis fast weich ist.

Den Schwertfisch behutsam in den Reis drücken. 3 Minuten dünsten, dann die Garnelen dazugeben und weitere 2 Minuten erwärmen. Die fertige Paella abschmecken. Mit Petersilie garniert servieren.

FÜR 6 PERSONEN
VORBEREITUNGSZEIT 12 MINUTEN
BACKZEIT 20–25 MINUTEN

6 Lachsfiletstücke, jeweils etwa 150 g

2 EL bestes Olivenöl

Saft von 1/2 Zitrone

Salz und schwarzer Pfeffer aus der Mühle

6 kleine Zweige Rosmarin

18 junge Lauchstangen, geputzt (etwa 600 g)

Olivenöl

FÜR DIE PETERSILIEN-SARDELLEN-VINAIGRETTE

4 Sardellenfilets, fein gehackt

1 EL fein gehackte Petersilienblätter

1 EL Weißweinessig

5 EL bestes Olivenöl

GEBRATENER LACHS MIT SARDELLENSAUCE

Lachs, mit Rosmarin und Zitrone gebraten, hat ein köstliches Aroma, das durch würzigen Lauch und ein pikantes Petersilien-Sardellen-Dressing ergänzt wird. Servieren Sie den Lachs heiß oder kalt mit warmen Kartoffeln.

Den Backofen auf 180 °C vorheizen. In einer kleinen Schüssel alle Zutaten für die Vinaigrette mit dem Schneebesen mischen. Mit etwas Pfeffer würzen. Das Aroma wird verstärkt, wenn die Vinaigrette etwa 15 Minuten zieht.

Den Fisch leicht einölen, dann jedes Filet mit Zitronensaft und Pfeffer würzen. Ein großes Stück Alufolie mit Öl bestreichen. Die Fischfilets nebeneinander darauf legen und unter jedes Filet 1 Zweig Rosmarin schieben. Noch etwas Zitronensaft darüber träufeln und das Ganze zu einem großen Paket verschließen. Auf ein Backblech legen und im Ofen 20–25 Minuten braten.

Vom Lauch alle harten äußeren Blätter und die Wurzeln entfernen. Die Lauchstangen längs ein-, aber nicht durchschneiden und gründlich unter fließendem kaltem Wasser spülen. In einen Topf mit kochendem Wasser geben und 3 Minuten blanchieren, bis die Stangen weich sind. Den Lauch unter fließendem kaltem Wasser abschrecken und mit Küchenpapier trockentupfen.

Eine Grillpfanne bei mittlerer Hitze oder den Grill vorheizen. Die Lauchstangen mit etwas Olivenöl einreiben und leicht würzen. Auf die Grillpfanne oder unter den Grill legen und unter regelmäßigem Wenden grillen, bis sie goldbraune Flecken haben.

Den Lachs aus der Alufolie nehmen und mit dem Lauch auf 6 Tellern anrichten. Die Petersilien-Sardellen-Vinaigrette darüber träufeln.

FÜR 4 PERSONEN
VORBEREITUNGSZEIT 15 MINUTEN
GARZEIT 20 MINUTEN

4 Lachsfilets, jeweils etwa 160 g

Saft von 1 Limette

Salz und schwarzer Pfeffer aus der Mühle

ein paar Stängel Schnittlauch, in Röllchen geschnitten

FÜR DIE LIMETTEN-INGWER-BUTTER

125 g weiche Butter

fein geriebene Schale von 1 unbehandelten Limette

Saft von 1/2 Limette

2 Stückchen frischer Ingwer, fein gehackt

LACHS MIT LIMETTEN-INGWER-BUTTER

Ingwer harmoniert großartig mit Lachs. Dieses rasche und einfache Gericht ist eine Variante des klassischen Rezepts für Lachs in Blätterteig.

Die Butter gut mit der Limettenschale und dem –saft mischen (eventuell in der Küchenmaschine), dann den Ingwer unterarbeiten und leicht salzen. Die Mischung in einer Schüssel bis zur Verwendung in den Kühlschrank stellen.

Die Lachsfilets mit der Hautseite nach unten auf ein eingefettetes Backblech legen. Mit dem Limettensaft beträufeln und mit Salz und Pfeffer würzen. 30 Minuten marinieren. Den Backofen auf 220 °C vorheizen.

Den Lachs in den Ofen schieben und 12–18 Minuten braten, bis er gerade gar ist, aber in der Mitte noch einen leichten rosa Schimmer aufweist – so ist er wunderbar aromatisch und saftig. Möchten Sie den Fisch lieber durchgebraten, lassen Sie ihn noch weitere 5 Minuten im Backofen.

Die Schnittlauchröllchen über den Fisch streuen und diesen sofort mit einem Löffel Limetten-Ingwer-Butter auf jeder Portion servieren. Eine köstliche Beilage sind gebratene Tomaten und Couscous, der die Sauce schön aufsaugt.

GRAPEFRUITMOUSSE

FÜR 8 PERSONEN
ZUBEREITUNGSZEIT 30 MINUTEN, PLUS KÜHLZEIT

3 EL Wodka oder Wasser

10 g gemahlene Gelatine

abgeriebene Schale und Saft von 1 unbehandelten Grapefruit

3 große, ganz frische Eier, getrennt

150 g Zucker

3 EL Zitronensaft

300 g Sahne

ZUM GARNIEREN (NACH BELIEBEN)

1 unbehandelte Grapefruit

50 g Zucker

Wodka, Grapefruitschale und –saft sind die Zutaten zu einem raffinierten Partydessert. Da es auch rohe Eier enthält, sollte es kleinen Kindern, Kranken oder Schwangeren nicht serviert werden.

Den Wodka oder das Wasser in eine kleine Schüssel geben und die Gelatine hineinstreuen. In eine größere Schüssel auf kochend heißes Wasser stellen, sodass der Wodka sanft erwärmt wird.

Die Grapefruitschale in eine große Schüssel mit den Eigelben und 100 g Zucker geben. Mit einem elektrischen Schneebesen schlagen, bis die Mischung hell und dick ist.

Die Gelatine umrühren und ganz auflösen. Unter den Grapefruitsaft mischen, diese Mischung mit dem Zitronensaft unter die Eigelbmasse heben. Die Mischung 10–15 Minuten in den Kühlschrank stellen, dabei regelmäßig umrühren, bis sie andickt und zu erstarren beginnt. Das Umrühren sorgt dafür, dass die Masse gleichmäßig wird.

Die Sahne steif schlagen und behutsam unter die Grapefruit-Gelatine-Mischung heben. Wenn sie ein wenig zusammenfällt, kalt stellen, bis sie etwas andickt. Sobald die Mischung gerade noch ihre Form behält, die Eiweiße steif schlagen und den restlichen Zucker unterschlagen. Den Eischnee sofort unter die Mousse heben und die schaumige Mischung auf 8 Schalen verteilen. Bis zur Verwendung kalt stellen.

Für die Garnierung (nach Belieben) die Schale von der Grapefruit dünn abschälen. Die bittere weiße Haut entfernen und die Schale in streichholzdünne Streifen schneiden. In einem Topf mit kochendem Wasser 30 Sekunden blanchieren, dann abgießen. Diesen Vorgang zweimal wiederholen, dabei jedes Mal frisches Wasser verwenden. Den Zucker in einem kleinen Topf in 4 EL Wasser auflösen und die Grapefruitschale hinzufügen. 5 Minuten köcheln lassen, bis die Streifen klebrig sind. Mit einer Gabel aus dem Sirup heben, auf einen Teller geben und abkühlen lassen.

Vor dem Servieren über jede Mousse ein wenig kandierte Grapefruitschale streuen.

SAISON haben …

GRAPEFRUITS
Wie andere Zitrusfrüchte enthalten die ursprünglich von den Westindischen Inseln stammenden Grapefruits Kalium und viele wertvolle Vitamine (C, B und E). Ihr säuerlicher Saft ist herrlich erfrischend. Gern werden sie in Hälften zum Auslöffeln gereicht. Großartig eignen sich Grapefruits auch für Marinaden und Dressings sowie für cremige Desserts. Kaufen Sie Grapefruits, die sich schwer anfühlen.

FÜR 12 STÜCK
VORBEREITUNGSZEIT 15 MINUTEN
BACKZEIT 25–30 MINUTEN, PLUS ABKÜHLZEIT

100 g Macadamianüsse

170 g weiche Butter, plus Butter zum Einfetten

150 g Zucker

175 ml Ahornsirup

2 Eier

Mark von 1 Vanilleschote

175 g Mehl

1 Prise Salz

MACADAMIA-NUSS-SCHNITTEN MIT AHORNSIRUP

Diese köstlichen Nussschnitten sollten saftig sein, backen Sie sie also nicht zu lange. Seien Sie auch bei den Macadamianüssen vorsichtig – wegen ihres hohen Ölgehalts verbrennen sie leicht.

Den Backofen auf 190 °C vorheizen. Den Boden einer 20 cm großen quadratischen ofenfesten Form mit Backpapier auslegen und die Seiten mit Butter einfetten.

Die Nüsse auf einem Backblech ausbreiten, in den Ofen schieben und 5–10 Minuten rösten, dabei ein- oder zweimal schütteln, bis sie schön gebräunt, aber nicht verbrannt sind. Abkühlen lassen, dann grob hacken.

Die Butter in einem großen Topf bei schwacher Hitze zerlassen. Vom Herd nehmen. Den Zucker und den Ahornsirup hineinrühren, dann die Eier nacheinander unterschlagen und das Vanillemark hinzufügen. Das Mehl und das Salz in den Topf sieben und unterrühren – nicht zu gründlich, da ein leicht klumpiger Teig ein feineres Gebäck ergibt als ein ganz glatter Teig. Schließlich die gehackten Nüsse untermischen.

Den Teig in die vorbereitete Form geben und im Ofen 25–30 Minuten backen, bis er gerade fest wird. Einen Spieß in die Mitte stecken, um dies zu überprüfen. Hängen beim Herausziehen nur einige feuchte Krümel daran, dann sind die Nussschnitten fertig.

Den Kuchen 10 Minuten in der Form abkühlen lassen, dann in 12 Schnitten aufteilen. Sie schmecken warm sehr gut. Oder lassen Sie sie auf einem Kuchengitter abkühlen und bewahren Sie sie in einem luftdichten Behälter auf.

ORANGEN-SCHAUM-CREME MIT SAFRAN UND APRIKOSEN

FÜR 6 PERSONEN
ZUBEREITUNGSZEIT 20 MINUTEN
RUHEZEIT 30 MINUTEN
KÜHLZEIT 1–2 STUNDEN

1 Prise Safran (etwa 12 Fäden)

abgeriebene Schale und Saft von 1 unbehandelten Orange

8 Ingwerkekse oder 12 Amaretti

3 getrocknete Aprikosen, in kleine Würfel geschnitten

600 g Sahne

3 EL Zucker

150 ml trockener Sherry

Ältere Rezepte schrieben vor, dass die Kuh direkt in einen Krug mit gesüßtem Wein gemolken werden sollte. Der Schaum auf der Oberfläche wurde dann verzehrt. Hier eine einfachere Zubereitungsart für dieses köstliche Dessert.

Die Safranfäden in einer Pfanne ohne Fett ein paar Sekunden bei mittlerer Hitze rösten, sodass sie ihr Aroma entfalten. Den Safran mit Orangensaft und -schale mischen und an einem warmen Ort 30 Minuten ziehen lassen.

Die Kekse grob zerkrümeln und mit den gehackten Aprikosen mischen. Auf 6 hohe Gläser verteilen.

Die Sahne mit dem Zucker, dem Sherry und der Safran-Orangen-Mischung steif schlagen. Die Creme über die Keks-Aprikosen-Mischung in den Gläsern geben und vor dem Servieren 1 oder 2 Stunden im Kühlschrank kalt stellen.

SAISON hat ...

SAFRAN

Safran ist die getrocknete Narbe einer im Herbst blühenden Krokusart *(Crocus sativus)*. Er ist das teuerste Gewürz der Welt – für 500 g Safran werden zigtausende Blüten benötigt. Sein einmaliges Aroma, sein parfümierter Duft und die intensive gelbe Farbe sind typisch in vielen mediterranen Gerichten wie Paella und Bouillabaisse. Safran ist als Pulver und als getrocknete Fäden erhältlich. 12–14 Fäden ergeben 1 Prise Safran.

FÜR 4 PERSONEN
VORBEREITUNGSZEIT 30 MINUTEN, PLUS RUHEZEIT
ZUBEREITUNGSZEIT 10 MINUTEN

125 g Mehl

1 Prise Salz

1 Ei, verquirlt

200 ml Milch

1 EL Sonnenblumenöl

2 EL Weinbrand (nach Belieben)

FÜR DIE ORANGENBUTTER

125 g Butter

50 g Zucker

abgeriebene Schale und Saft von 2 unbehandelten Orangen

3 EL Grand Marnier

ZUM FLAMBIEREN

1 EL Zucker

2 EL Grand Marnier

2 EL Weinbrand

CRÊPES SUZETTE

Die Pfannkuchen für dieses klassische Rezept lassen sich im Voraus zubereiten und einfrieren oder kühl aufbewahren. Dann in einer unwiderstehlichen Mischung von Orangensaft, Butter, Zucker und Grand Marnier wieder erwärmen. Das Flambieren gibt ihnen eine überraschend bitter-saure Note.

Mehl und Salz in eine Schüssel sieben. In die Mitte eine Vertiefung drücken und das Ei hinzufügen. Die Milch mit 60 ml Wasser mischen und langsam zum Ei geben. Mit dem Schneebesen zu einem glatten Teig schlagen. Das Öl und den Weinbrand unterrühren und die Mischung durch ein Sieb in eine saubere Schüssel geben. 30 Minuten ruhen lassen.

Eine Pfanne bei mäßiger Hitze heiß werden lassen. Mit in Öl getränktem Küchenpapier ausreiben. Vom Herd nehmen und etwa ein Achtel des Teigs hineingeben. Die Pfanne rasch schwenken, sodass sie gleichmäßig mit einer dünnen Teigschicht überzogen ist, und auf den Herd zurückstellen. Sobald der Pfannkuchen zu stocken beginnt, die Ränder lockern und den Pfannkuchen wenden. 1 Minute garen, dann auf einen vorgewärmten Teller gleiten lassen und warm halten. Die Pfanne wieder einfetten und weitere Pfannkuchen backen, bis der Teig aufgebraucht ist. Das Rezept ergibt 8 Pfannkuchen.

Eine große Pfanne mit schwerem Boden bei schwacher Hitze heiß werden lassen und die Zutaten für die Orangenbutter hineingeben. Wenn sie geschmolzen ist, kurz köcheln lassen. Jeweils 1 Pfannkuchen in die Pfanne geben. Mit einem Löffel und einer Gabel behutsam zweimal falten. An den Rand der Pfanne schieben und das Ganze mit den restlichen Pfannkuchen wiederholen.

Zum Flambieren die Pfannkuchen mit dem Zucker bestreuen, den Alkohol darüber gießen und mit einem Streichholz anzünden. Die Pfanne ein paar Mal kräftig schütteln. Wenn die Flammen erloschen sind, die Pfannkuchen auf 4 Teller verteilen, etwas Sauce aus der Pfanne darüber gießen und sofort servieren.

FÜR 6 PERSONEN
ZUBEREITUNGSZEIT 10 MINUTEN

500 g Ricotta
2 EL Puderzucker, gesiebt
1 TL gemahlener Zimt
Korianderhonig
2 EL Pinienkerne, leicht geröstet
12 Amarettikekse, zum Anrichten

ZIMTRICOTTA MIT KORIANDERHONIG

Der aromatische Zimt passt gut zum italienischen Ricotta in diesem einfachen und doch eleganten Dessert. Bekommen Sie keinen Korianderhonig, tut es auch jeder andere Blütenhonig.

Den Ricotta in eine Schüssel geben, den Puderzucker und den Zimt hinzufügen und alles gut miteinander verschlagen.

Den Ricotta auf 6 Dessertschalen verteilen, mit etwas Korianderhonig beträufeln und die gerösteten Pinienkerne darüber streuen. 2 Amaretti auf jede Schale geben und die Creme servieren.

Reichen Sie den Zimtricotta zu Kaffee oder einem kleinen Glas Dessertwein, etwa einem italienischen Vin Santo.

SAISON hat ...

ZIMT

Denn schon ein Hauch von diesem aromatischen Gewürz in süßen und auch pikanten Wintergerichten und -getränken lässt an gemütliche Wärme denken. Zimt ist die getrocknete innere Rinde des auf Sri Lanka heimischen Zimtbaums. Beim Trocknen wird sie zu Stängeln aufgerollt, die ganz oder gemahlen verkauft werden. Stets an einem dunklen Ort in luftdichten Gefäßen aufbewahren und wegwerfen, wenn das Aroma nachlässt.

FÜR 6 OFENFESTE FÖRMCHEN
À 175 ML
VORBEREITUNGSZEIT 15 MINUTEN
GARZEIT 10 MINUTEN

180 g Edelbitterschokolade (mindestens 70 % Kakaomasse), in kleine Stücke gehackt

180 g Butter, in Würfel geschnitten, plus Butter zum Einfetten

3 Eier

3 Eigelb

6 EL Zucker

3 gehäufte EL Mehl

Kakaopulver zum Garnieren (nach Belieben)

Crème fraîche zum Garnieren (nach Belieben)

ZEHN-MINUTEN-SCHOKOLADENPUDDING

Die dunklen Schokoladen mit hohem Kakaoanteil wie Zartbitter- oder Herrenschokolade sind ideal für Süßspeisen: Sie haben einen intensiven Geschmack, schmelzen gut und man braucht wenig Zucker.

Den Backofen auf 220 °C vorheizen. Den Boden der 6 Puddingförmchen mit Backpapier auslegen und die Seiten einbuttern. Auf ein Backblech stellen.

Die Schokolade und die Butter in eine Schüssel geben und diese in einen Topf mit köchelndem Wasser stellen. Unter gelegentlichem Rühren schmelzen lassen. Beiseite stellen.

Die Eier, die Eigelbe und den Zucker in einer Schüssel mit dem Handrührgerät dick und schaumig schlagen. Die geschmolzene Schokolade-Butter-Masse unterheben, dann das Mehl darüber sieben und untermischen.

Die Mischung auf die Förmchen verteilen. Für 10 Minuten in den Backofen stellen, bis der Pudding außen fest, aber innen noch weich ist. Die Förmchen mit einem Tuch halten, dann mit einem spitzen Messer sorgfältig jeden Pudding innen von der Form lösen und rasch auf einen vorgewärmten Teller stürzen (eventuell auf den Boden der Förmchen klopfen, damit der Pudding ganz herausgleitet). Das Papier abziehen.

Die Puddings so, wie sie sind, servieren oder mit Kakaopulver bestäuben und mit 1 Löffel Crème fraîche garnieren.

REGISTER

Kursiv gesetzte Zahlen verweisen auf Abbildungen.

T, U

W

Z

DANK

Dorling Kindersley dankt folgenden Personen für die freundliche Erlaubnis, Rezepte und Fotos abdrucken zu dürfen, die zuerst in *Waitrose Food Illustrated* erschienen:

REZEPTE

Lindsey Bareham 35; Raymond Blanc 94; Louise Budge 173, 195, Jayne Cross 36, 90, 216; Rachel de Thample 194; Nikki Duffy 16, 26, 27, 54, 70, 85, 105, 108, 148, 152; Piera Ercole 69; David Eyre 153; Ursula Ferrigno 133; Liz Franklin 20, 176, 182; Sophie Grigson 66, 210; Sybil Kapoor 12, 14, 15, 18, 21, 22, 24, 32, 34, 38, 44, 47, 48, 50, 52, 53, 56, 64, 72, 74, 75, 78, 80, 82, 84, 88, 92, 99, 102, 104, 106, 108, 110, 116, 122, 124, 126, 127, 128, 130, 132, 138, 140, 146, 150, 154, 158, 159, 160, 162, 170, 172, 174, 177, 178, 184, 190, 196, 198, 200, 204, 208, 214; Elisabeth Luard 40, 68, 86, 98, 100, 118, 120, 134, 136, 180, 186, 188, 192, 202, 212; Jacque Malouf 28, 46, 96; Jean-Christophe Novelli 121; Gary Rhodes 58; Flossie Squires 164, 187; Fran Warde 76, 81; Amy Wilcock 142, 144; Judith Wills 203.

FOTOS

Lisa Barber 85; Gus Filgate 27, 143, 179, 181, 186, 193; Tara Fisher 29, 35, 37, 91, 97, 125, 152; Jonathan Gregson 173, 195; Amanda Heywood 11, 46, 95; Richard Jung 20, 41, 62, 68, 77, 81, 114, 129, 132, 147, 151, 153, 158, 159, 168, 169, 176, 183, 189, 202, 211; Emma Lee 67; David Loftus 6, 8, 10, 11, 13, 14, 15, 16, 19, 21, 23, 25, 26, 30, 33, 34, 39, 43, 45, 47, 49, 51, 52, 53, 57, 60, 63, 65, 73, 74, 79, 80, 83, 84, 89, 93, 99, 101, 103, 104, 105, 107, 109, 111, 112, 114, 115, 117, 119, 120, 123, 126, 127, 131, 135, 137, 139, 141, 155, 157, 161, 163, 168, 171, 172, 175, 177, 179, 185, 191, 197, 199, 201, 205, 207, 209, 213, 215, 219; Michael Paul 10, 11, 55, 62, 63, 71, 75, 87, 98, 133, 149, 165; Simon Walton 203; Philip Webb 121; Rob White 59, 69, 194.

John Brown Citrus Publishing dankt Tabitha Hawkins, Nikki Duffy, Sarah Williams, Liz Marcy, Annabelle Livingston, Brian Saffer, Andrew Jarvis und Helen Frewer für ihre Hilfe bei der Produktion dieses Buches.

Dorling Kindersley dankt Sue Bosanko für das Register und Stephanie Farrow für die redaktionelle Beratung.